ALS DIE ADRIA ÖSTERREICHISCH WAR

HORST F. MAYER · DIETER WINKLER

ALS DIE ADRIA ÖSTERREICHISCH WAR

ÖSTERREICH–UNGARNS SEEMACHT

EDITION S

ZU DEN VORHERGEHENDEN BILDERN

TITELBILD
Der Brunnen „Österreichs Macht zur See" auf dem Wiener Michaelerplatz von R. v. Weyr.

SEITE 1
Die Fregatte „Novara", auf der österreichische Wissenschafter 1857—1859 die Welt umsegelten.

SEITE 2
Admiral Wilhelm von Tegetthoff (1827—1871)

SEITE 3
Kaiser Maximilian von Mexiko (1832—1867)

SEITE 4/5
Das Erzherzog-Ferdinand-Max-Denkmal auf der Piazza Giuseppina in Triest, um 1880. Das Denkmal steht heute im Park von Schloß Miramar.

EDITION S
VERLAG DER ÖSTERREICHISCHEN STAATSDRUCKEREI
GRAPHISCHE GESTALTUNG: HERBERT SCHIEFER, WIEN
DRUCK: ÖSTERREICHISCHE STAATSDRUCKEREI, WIEN
2., ÜBERARBEITETE AUFLAGE 1987
COPYRIGHT© BY ÖSTERREICHISCHE STAATSDRUCKEREI
ALLE RECHTE VORBEHALTEN
ISBN 3-7046-0054-7

INHALT

10
SO HAT ES EINMAL BEGONNEN
Von Don Juan d'Austria bis Joseph Ressel

22
VOM FISCHERDORF ZUM HAUPTKRIEGSHAFEN
Pola wird Marinegarnison

60
EIN SEEOFFIZIER WIRD KAISER VON MEXIKO
Die Ära Ferdinand Max und Tegetthoff

88
IM DIENSTE DER WISSENSCHAFT
Meeresvermessungen, Expeditionen, Missionsreisen und die Marineakademie

114
DAS LEBEN DER MATROSEN
Alltag an Bord eines österreichischen Kriegsschiffes

138
FRANZ FERDINAND MACHT DIE MARINE POPULÄR
Der Flottenausbau vor dem Ersten Weltkrieg

160
KRISEN, WELTKRIEG, LIQUIDATION
Das Ende der österreichisch-ungarischen Kriegsmarine

192
DIE MARINEKOMMANDANTEN DER K. U. K. KRIEGSMARINE

204
WAS NICHT IM BAEDEKER STEHT
Auf den Spuren der altösterreichischen Marine

SO HAT ES EINMAL BEGONNEN

Noch heute ist die Adria den Österreichern ein vertrautes Gewässer, obwohl Österreich nicht mehr am Meer liegt. Sinnbild der österreichischen Präsenz am Mittelmeer war die Stadt Triest, die an der Grenze von Sprachen, Kulturen und Gesellschaftssystemen lag und liegt; immer trugen die Triestiner die Hellebarde im Wappen, immer mußten sie sich wehren. Schon 1379 waren die Grafen von Duino Lehensnehmer der Habsburger, und das romantische Schloß Duino, jedem Adriaurlauber wohlbekannt, war der erste Seestützpunkt der Österreicher. Drei Jahre danach, 1382, versuchten es die Triestiner mit den Österreichern, um sich der Konkurrenz Aquileias, aber vor allem der übermächtigen Lagunenstadt Venedig einigermaßen zu erwehren.

Dabei hatten die Österreicher meist ganz andere Sorgen, als sich als Seemacht zu etablieren. Durch Jahrhunderte bedrohten die Türken das Herz des Reiches, das kostete Geld, und daran hat es im Österreichischen seit jeher gefehlt. Also versuchten die österreichisch gewordenen Triestiner zunächst einmal selbst, ihren Hafen einigermaßen zu sichern. Die beiden kleinen, mit Kanonen bewaffneten Zweimaster, die die Kaufleute von Triest ausrüsteten, waren freilich ein inferiorer Gegner für die mächtigen Venezianer. Und so wäre Triest lange ein bescheidener Adriahafen geblieben, hätte nicht die Türkennot den Kaiser veranlaßt, aus Sorge vor einem Seeangriff der Türken die Küstenstädte zu befestigen. Für eine auch nur einigermaßen schlagkräftige Flotte fehlte nämlich abermals das Geld. Auch als der Name Österreich erstmals in seiner lateinisch-spanischen Fassung, den Don Juan d'Austria trug, auftauchte, war aus der Binnenmacht Österreich noch lange keine Seemacht geworden. Aber dieser Don Juan, ein „Bastard", wie man das damals wenig vornehm nannte, also ein illegitimer Sohn Kaiser Karls V., war der erste österreichische Seeheld, und seinen Namen trugen bis in unsere Zeit Schiffe der österreichischen Kriegsmarine. Sein Sieg bei Lepanto über die Türken im Jahre 1571, erfochten von einer spanisch-venezianisch-päpstlichen Kriegsflotte, gilt auch heute noch als eine der glanzvollsten Taten der Seekriegsgeschichte.

Die beiden Kaiser Leopold I. und Karl VI., in Triest auch heute noch hoch geehrt, sind wohl als die eigentlichen Schöpfer einer österreichischen Kriegsflotte anzusehen. Triest war damals Handels- und Kriegshafen zugleich, aber der Druck der die Meere beherrschenden Seemächte England, Frankreich und Niederlande war so groß, daß eine offensive See- und Handelspolitik nicht zu führen war. Und ohne Kriegsflotte, die den Überseehandel wirksam schützen konnte, war auch eine Handelsschiffahrt auf die Dauer nicht aufrechtzuerhalten, obwohl 1722 durch kaiserliches Patent in Ostende die „kaiserlich-königliche indische Gesellschaft" mit dem Ziel der Handelsschiffahrt von Ostindien nach China ins Leben gerufen wurde.

Die Nachfolger Karls VI. hatten freilich andere Sorgen als den Fernosthandel: Im 18. Jahrhundert war die Bedrohung im Mittelmeer durch Piraten, die sogenannten Barbaresken, so groß geworden, daß die Schiffahrt nur mit großer Mühe aufrechterhalten werden konnte. Diese Piraten operierten von Marokko, Algier, Tunis und Tripolis aus, und dem Hofkriegsrat in Wien war das alles zu weit weg, um existierende Pläne, wie man der Barbaresken Herr werden könnte, auch in die Tat umzusetzen. Der Druck der nordafrikanischen Staaten war sogar so groß, daß man zögerte, die Handelsschiffe mit Metallgeschützen auszurüsten, um die Piratenkapitäne ja nicht zu verärgern. Diplomatische Mittel, wie Vertragsabschlüsse mit den Barbareskenstaaten, sollten die Sicherheit der kaiserlichen Handelsschiffe einigermaßen gewährleisten.

Kühne Männer gab es damals in allen seefahrenden Nationen, genau jener Typ von Männern, der damals gebraucht wurde, um überseeische Besitzungen zu gründen und die Heimatflagge über fremdländischen Städten und Häfen zu hissen. Und war schon eine Generation zuvor die Ostendische Kompanie eines kläglichen Todes gestorben, so ver-

Vedute des Hafens von Triest. 1801.

suchte man nun unter Maria Theresia erneut, sich in Übersee anzusiedeln. 1774 legte ein gewisser Wilhelm Bolts Kaiserin Maria Theresia eine geheime Denkschrift über die Errichtung einer „erbländischen Handelskompanie für Ostindien" vor. Amtlicherseits wurde der Denkschrift zugestimmt, die Bolts zuteil werdende Unterstützung war freilich weniger materieller als moralischer Art: man gestand ihm zu, die Reichsflagge mit dem Doppeladler zu führen, und 25 Soldaten wurden eingeschifft. Im September 1776 legte sein Handelsschiff „Joseph und Theresia" von Triest ab. Nach abenteuerlicher Reise lief „Joseph und Theresia" 1778 die damals herrenlose Inselgruppe der Nikobaren westlich von Sumatra an, die kaiserliche Flagge wurde gehißt, und die Geldgeber fanden sich nun bereitwilliger ein. Innerhalb der nächsten Jahre verfügte die Triestiner „Ostindische Handelskompanie" bereits über einige Schiffe und Stützpunkte auf dem Weg nach Indien. Des kaiserlichen Wohlwollens erfreute sich die Gesellschaft freilich nicht mehr lange; Kaiser Josef II. merkte sehr rasch die wenig fachmännische Art, wie man an den Aufbau der Kompanie herangegangen war, und wenn sich ein Kaiser zurückzieht, dann folgen ihm die investierten Gelder sehr bald nach. 1785 war der wirtschaftliche Zusammenbruch der Triestiner „Ostindischen Handelskompanie" perfekt, und um die Niederlassungen, über denen durch einige Jahre der Doppeladler geflattert war, kümmerte sich niemand mehr. Wo einst die Österreicher Fuß gefaßt hatten, folgten Portugiesen und Briten, und die Nikobaren gehörten für 85 Jahre, von 1784 bis 1869, sogar den Dänen.

In jenen Jahren wurde dagegen ein anderer wichtiger Schritt gesetzt: die Einführung der ehrwürdigen rot-weiß-roten Flagge für die kaiserlichen Kriegsschiffe im Jahre 1786. In den weißen Mittelstreifen wurde der rot-weiß-rote Bindenschild mit goldenem Rahmen eingefügt, ergänzt durch die erzherzogliche Bügelkrone. (Ein österreichischer Kompromiß, da dem Haus Österreich ja viele Kronen zu eigen gewesen sind.) Bis 1786 hatten kaiserliche Kriegsschiffe den schwarzen Doppeladler auf gelbem Feld, also die alten Reichsfarben, geführt, die aber über größere Entfernungen kaum auszunehmen waren. Ab 1804 führten auch die Handelsschiffe die rot-weiß-rote Flagge.

Viel Geld war für die Kriegsflotte freilich noch immer nicht da. Auf die Türken folgten die Preußen und denen wiederum die Franzosen als Feinde zu Land; zur See vertrat das verbündete England die

Fregatte (bzw. Fregadina) „La Trionfante". Im Jahre 1787 wurde dieser bewaffnete Kauffahrer der Kriegsmarine um 25.000 fl. angeboten. Der Eigentümer Bradichich erklärte sich bereit, 120 Mann sowie deren Bewaffnung und Ausrüstung beizustellen, außerdem als Kapitän überall zu dienen. Die kaiserliche Kommission kam zu keinem Ergebnis, das Schiff wurde nicht erstanden.

Anti-Napoleon-Koalition und kämpfte mit der französischen Flotte. Triest lag freilich wieder ungeschützt. Am 4. März 1797 mußten die Franzosen im Golf von Triest aber merken, daß sich die Österreicher doch nicht alles bieten ließen. Vier kleine bewaffnete Fahrzeuge unter der rot-weiß-roten Flagge griffen mit Erfolg ein starkes französisches Kriegsschiff an, das zwei reichbeladene Handelsschiffe gekapert hatte und im Begriff war, diese in einen von den Franzosen besetzt gehaltenen Hafen zu führen. Die Beute wurde dem Gegner wieder abgejagt, und die Hochstimmung über diesen Erfolg hielt auch noch Tage später an: In einem Geleitzug sollten 40 Handelsschiffe aus dem Hafen von Triest in die Bucht von Portorè (Kraljevica) südlich von Fiume geführt werden. Aus Sorge vor einem drohenden Angriff französischer Kriegsschiffe ankerten die Handelsschiffe aber bereits im istrianischen Hafen Quieto, der zur Republik Venedig gehörte. Venedig war damals neutral, trotzdem griff an der Seite der Österreicher das venezianische Linienschiff „L'Eole" in den Kampf gegen die Franzosen ein, und dieser Übermacht fühlte sich der französische Kommandant nicht gewachsen und zog sich mit seinen Schiffen zurück. Dieser Bruch der Neutralität durch die Venezianer freilich war für die Franzosen der lange erwartete Anlaß, der Freiheit der Republik Venedig ein Ende zu machen. Die Erben des Dogenstaates wurden 1797, im Frieden von Campoformido (Campoformio), die Österreicher. Sie erhielten die Mehrzahl der venezianischen Besitzungen, aber vor allem Istrien und Dalmatien: Österreich war Großmacht an der Adria geworden. Das war nun freilich noch immer kein Anlaß, sich

Venedig, als es noch österreichisch war. Blick vom Campanile auf das Dach des Dogenpalastes, die Riva degli Schiavoni entlang, in das Arsenal mit seinen Hallen und Magazinen. Am Ende der Riva die Marinekirche San Biagio, links davon ein Gebäude (mit kleinen Fenstern), in dem heute das Marinemuseum untergebracht ist. 1865.

auch als Seemacht zu etablieren. Zwar ging die venezianische Flotte, besser das, was die Franzosen von ihr übriggelassen hatten, in österreichischen Besitz über — ihre amtliche Bezeichnung war nun „Österreichisch-venezianische Marine" —, diese Flotte war aber freilich auch nicht mit materiellen Mitteln verwöhnt und sah sich noch dazu dem Unverständnis der Wiener Zentralstellen ausgesetzt.

1799 wurde der von den Franzosen besetzte Hafen Ancona zur Übergabe gezwungen und dabei drei französische Linienschiffe erbeutet. In Wien aber wußte man mit der den Marineoffizieren höchst willkommenen Kriegsbeute nichts anzufangen; die Schiffe wurden nicht etwa für Österreich in Dienst gestellt, sondern abgebrochen. Und bei den vielen Klagen über die Folgen des Friedens von Schönbrunn 1809 beklagte man sich am allerwenigsten darüber, daß Österreich seine Küstengebiete abtreten mußte (zu sehr stand man unter dem Eindruck der Ereignisse in Tirol.) Die Zeit, in der Österreich vom Meer abgeschnitten war, dauerte nur fünf Jahre; im 1814 wieder österreichisch gewordenen Venedig etablierte sich neuerlich ein kaiserliches Marineoberkommando. Es hatte die dort zurückgebliebenen Teile der französischen Flotte zu registrieren, aber der Befehl, sie für Österreich in Dienst zu stellen, kam wieder nicht. Abermals wurden die meisten Schiffe zerlegt, das Holz wurde verkauft.

Für den Marinenachwuchs wurde nun eine entsprechende Ausbildungsstätte in Venedig errichtet, das k. k. Marine-Cadetten-Collegium. Die Marinebuben aus allen Teilen des Reiches litten sehr unter Heimweh, plagten sich mit der ihnen meist fremden italienischen Schulsprache, und nicht einmal die neu eingeführte dunkelblaue Uniform und der Zylinderhut trösteten über die Trennung von den Eltern, die oft jahrelang dauerte, hinweg.

1817 hatten österreichische Schiffe eine besondere Aufgabe zu erfüllen: Die Kaisertochter Leopoldine, Braut des brasilianischen Kaisers Dom Pedro I., wahrscheinlich eine der unglücklichsten Bräute ihrer Zeit, hatte eine umständliche und gefährliche Reise über den Ozean in ihre neue Heimat anzutreten, um jemanden zu heiraten, den sie nie zuvor gesehen hatte. Diese Reise legte sie samt Gefolge auf den österreichischen Fregatten „Austria" und „Augusta" 1817 zurück. Für die österreichischen Seeleute, die bisher kaum über Gibraltar hinausgekommen waren, war das ein Abenteuer ersten Ranges; nur die beiden Chronometer, die jedes Schiff zur Ortsbestimmung auf hoher See mitführen sollte, fehlten. Die gesamte Kriegsmarine besaß überhaupt nur ein einziges Gerät dieser Art, und selbst dieses funktionierte nicht einwandfrei. Die Prinzessin, die übrigen Fahrgäste und die Handelsware — die damals noch auf den Kriegsschiffen transportiert werden mußte — erreichten dennoch, wenn auch durch einen schweren Sturm aufgehalten, unbehelligt ihren Bestimmungsort Rio de Janeiro.

Dem Sprung über die Weltmeere sollte freilich sobald kein zweiter folgen; allzusehr war die kleine österreichische Flotte nach wie vor nach Kräften damit beschäftigt, für Ordnung im Mittelmeer zu sorgen. Das Schwergewicht der Einsätze verlagerte sich zunehmend in die Levante, und jene Städte, die in unserer Zeit in den Nachrichten über den blutigen Bürgerkrieg im Libanon genannt werden, standen auch in der ersten Hälfte des vergangenen Jahrhunderts im Mittelpunkt erbitterter Kämpfe. Der abtrünnige türkische Statthalter von Ägypten, Mehmed Ali, bedrohte das türkische Reich. Österreich, Preußen, England und Rußland eilten dem Sultan zu Hilfe, eine britisch-türkisch-österreichische Flottenabteilung sollte die Ordnung in der Levante wieder herstellen. Lithographien von damals zeigen die österreichischen Marineinfanteristen, angeführt von einem blutjungen Offizier, der trotz seiner 19 Jahre schon die Rangabzeichen eines Linienschiffskapitäns trägt: Erzherzog Friedrich, der Sohn des Erzherzogs Karl, des Siegers von Aspern. Saida und St. Jean d'Acre waren die Punkte, die die Österreicher damals freizukämpfen hatten. Dem kaiserlichen Prinzen trug diese Tat das Ritterkreuz des Maria-Theresien-Ordens ein; er durchlief schnell die Karriere bis zum Vizeadmiral, wobei ihm seine Abkunft geholfen haben mag. Am 6. Oktober 1847 starb Erzherzog Friedrich unter nie ganz geklärten Umständen in Venedig; seine Grabstätte kann noch heute in der Malteserkirche besichtigt werden.

Die italienische Einigungsbewegung und die Revolution von 1848, die ganz Europa erschütterte, ließen auch die Marine, die italienisch dachte, fühlte und sprach, nicht unberührt. Die meisten Marineoffiziere italienischer Herkunft schlossen sich der Revolution an, der Kommandant des Marinearsenals in Venedig, Linienschiffskapitän Marinovich, wurde von seinen Arbeitern erschlagen, die Flotte war nicht mehr einsatzbereit. Der größere Teil der Schiffe freilich war auf See; aus ihnen formierte sich eine Schiffsabteilung, die sich nach Triest zurückziehen und die Blockade Venedigs durch sardinische Kriegsschiffe und die ehemaligen Kameraden akzeptieren mußte. Erst 1849, als ein Ausländer, der dänische Konteradmiral Hans Birch von Dahlerup, in kaiserliche Dienste trat und Marineoberkommandant wurde, schlug Österreich zurück: Nun wurde Venedig blockiert und ergab sich am 22. August 1849. Hauptkriegshafen des Reiches sollte es nie mehr werden. Zuwenig verläßlich schien die Stadt, schienen ihre Bürger, schienen die Matrosen und Seeleute. Alles, was an Italien erinnerte, sollte und mußte nun aus der Marine verschwinden, 1849/50 wurde die deutsche Dienstsprache eingeführt, und Schiffe, die zuvor italienische Namen geführt hatten, mußten diese eindeutschen — das war die Zeit, als alle, die unter dem Doppeladler von einer Vereinigung unter der italienischen Trikolore träumten, den Gefangenenchor aus Giuseppe Verdis „Nabucco" als gemeinsames Erkennungszeichen vor sich hinsummten.

Unterdessen nutzten die Kaufleute das, was die Militärs nicht richtig zu schätzen wußten: das Schiff als Instrument einer expandierenden Wirtschaftspoli-

Erzherzog Friedrich in der
Uniform eines k. k.
Kapitäns. 1839.

tik. 1830 begann die „Erste privilegierte Donau-Dampfschiffahrtsgesellschaft" einen regelmäßigen Liniendienst auf der Donau, Schiffe der DDSG wagten sich sogar ins Mittelmeer, und 1836 wurde in Triest die bis 1918 wichtigste Reederei des alten Österreich — und bald eine der führenden Schiff-fahrtslinien der Welt — gegründet, der „Österreichische Lloyd" (heute „Lloyd Triestino"). Triest und Fiume wetteiferten bald um den ersten Rang als bedeutendster Seehafen der Monarchie. Aber erst die Erfindung eines österreichischen Marineförsters (auch das hat es einmal im alten Österreich gegeben, zu einer Zeit, als die Schiffe, vor allem aber deren Masten, noch zur Gänze aus Holz gefertigt wurden), des aus Böhmen gebürtigen Joseph Ressel, ermöglichte den Einsatz des Dampfschiffes, wie es nahezu durch ein Jahrhundert die Weltwirtschaft bestimmt hat: Joseph Ressel hatte eine Schraube erfunden, die anstelle der bisherigen Schaufelräder die dampfbetriebenen Schiffe antreiben sollte. Daß bei der Probefahrt ein Dampfrohr brach, zählt zu jenen unbegreiflichen Ereignissen, die als „österreichisches Schicksal" abgetan werden mögen. Ressel fand jedenfalls niemanden mehr, der ihm weitere Mittel für die Vervollkommnung seiner Erfindung zur Verfügung gestellt hätte; er mußte das Patent ins Ausland verkaufen, und britische Schiffsbauer vollendeten, was einem böhmischen Forstbeamten eingefallen war.

Ein halbes Jahrhundert lang war die nördliche Adria österreichisch, dem zaghaft und halbherzig gewagten Versuch der Donaumonarchie, das Erbe Venedigs, der „Serenissima", anzutreten, war kein dauerhafter Erfolg beschieden; ein „mare nostrum" ist die Adria dem alten Österreich nie geworden. Das Jahr 1866 war ein Schicksalsjahr in der österreichischen Geschichte. Die Niederlage von Königgrätz besiegelte den unglücklichen Feldzug im Norden und den Verlust der Vormachtstellung in Deutschland, und auch die Siege bei Custoza und Lissa im Süden des Reiches vermochten den Verlust Venedigs nicht abzuwenden. Heer und Marine waren seit dem Ausgleich mit Ungarn von 1867/68 gemeinsame, also k. u. k., Angelegenheit, aber erst am 17. Oktober 1889 führte ein allerhöchstes Befehlsschreiben die amtliche Bezeichnung k. u. k an Stelle des bis dahin verwendeten k. k. ein. Aus dem Kaisertum Österreich war die Doppelmonarchie Österreich-Ungarn geworden — auch für die Angehörigen der Marine. K. k. waren fortan nur noch die Angelegenheiten der österreichischen Reichshälfte.

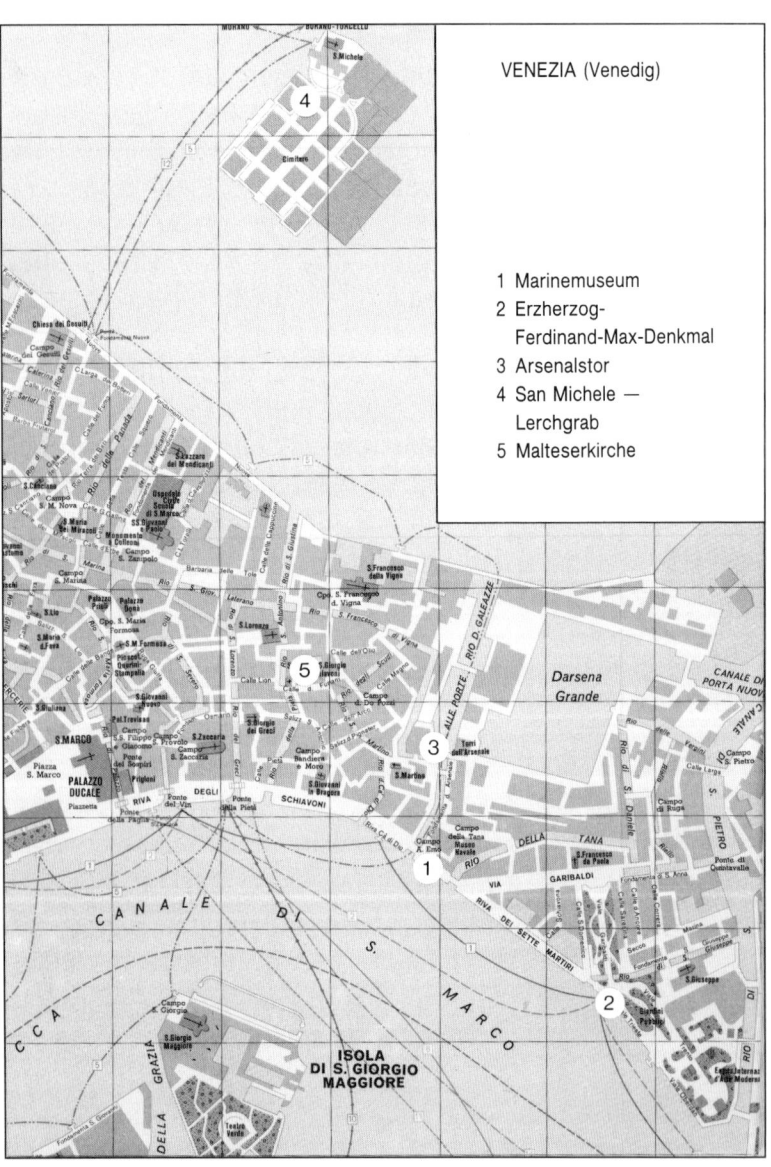

Ganz oben: Venedig, Blick über die Piazzetta auf die Insel San Giorgio Maggiore. Vorne ankert ein von Gondeln umgebener Raddampfer des Österreichischen Lloyd.

Oben: Karl Ludwig Freiherr von Bruck (1798—1860), einer der Gründer des Österreichischen Lloyd.

Ganz oben: Venedig, Arsenalstor. Vor diesem Tor wurde am 22. März 1848 der Arsenalskommandant Johann Ritter von Marinovich ermordet.

Oben: die Zöglinge des Marine-Cadetten-Collegiums, Eduard und Maximilian Pitner, in ihren Uniformen. Tegetthoff trug als Zögling die gleiche Uniform. 1848.

Rechts: Admiral Alexander Ritter von Bujacovich (21. Oktober 1792/Korfu — 11. November 1870/Venedig), Eskaderkommandant von 1851 bis 1852.

Oben: der Hafen Triest. 1900.

Links: der Raddampfer „Arciduca Lodovico" führte am 16. Mai 1837 die erste Fahrt des Österreichischen Lloyd nach Konstantinopel durch.

Rechts oben: Triest, Piazza Grande. Links das Rathaus, rechts der Lloydpalast, erbaut von dem Architekten Johann Heinrich Freiherr von Ferstel, fertiggestellt 1883.

Rechts: Revue der Eskader in der Bucht von Muggia in Gegenwart Kaiser Franz Josephs I. und des Eskaderkommandanten Admiral Bujacovich. Triest, 27. Februar 1852.

| VOLTA. | | | MONTECUCCOLI. | HUSSAR. | | DIANA. | MARIANNA. | VENUS. |
| S.ᵗᵃ LUCIA. | | | PILLADES. | LEIPZIG. | | CAROLINA. | VULCAN. | NOVARA. |

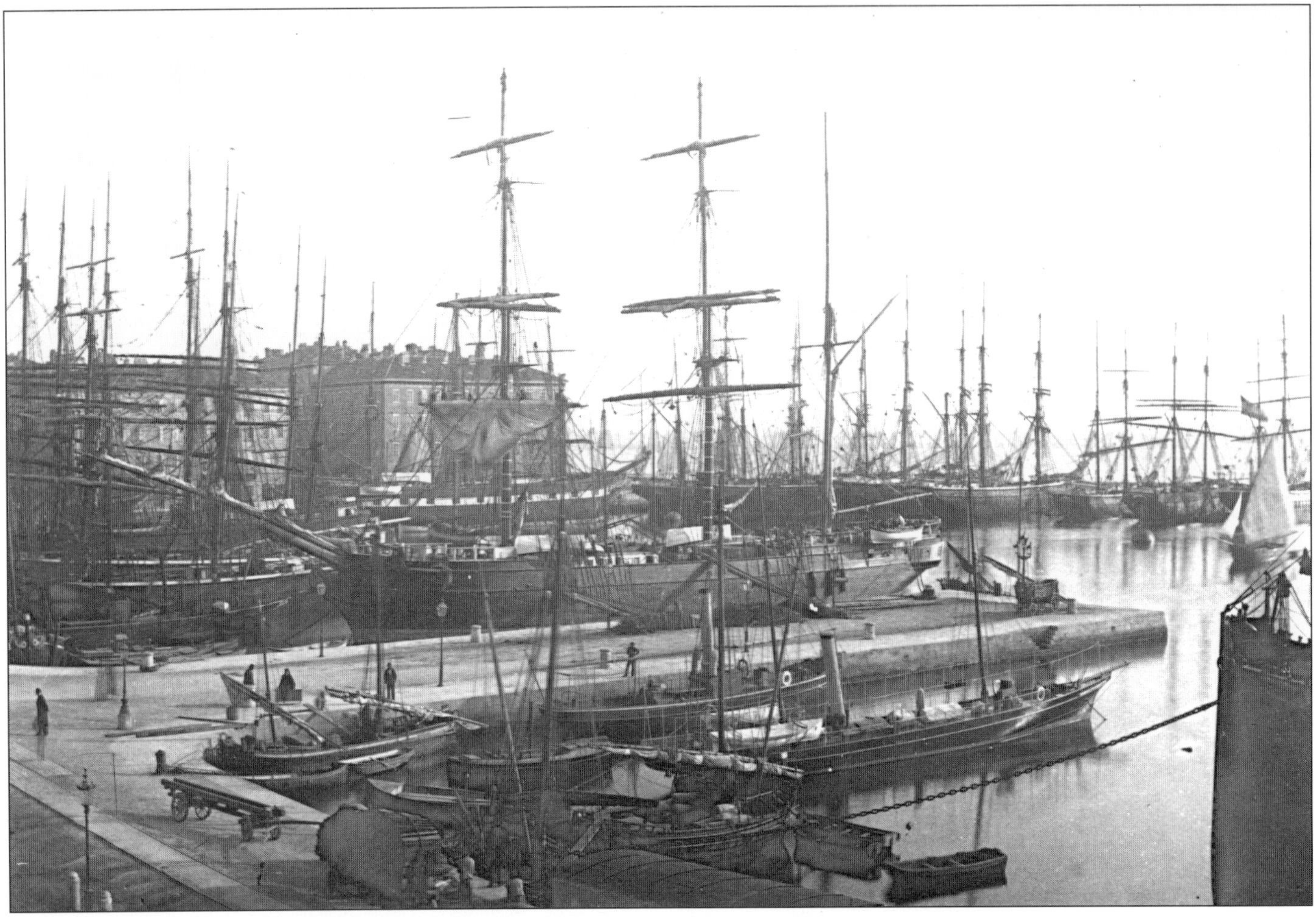

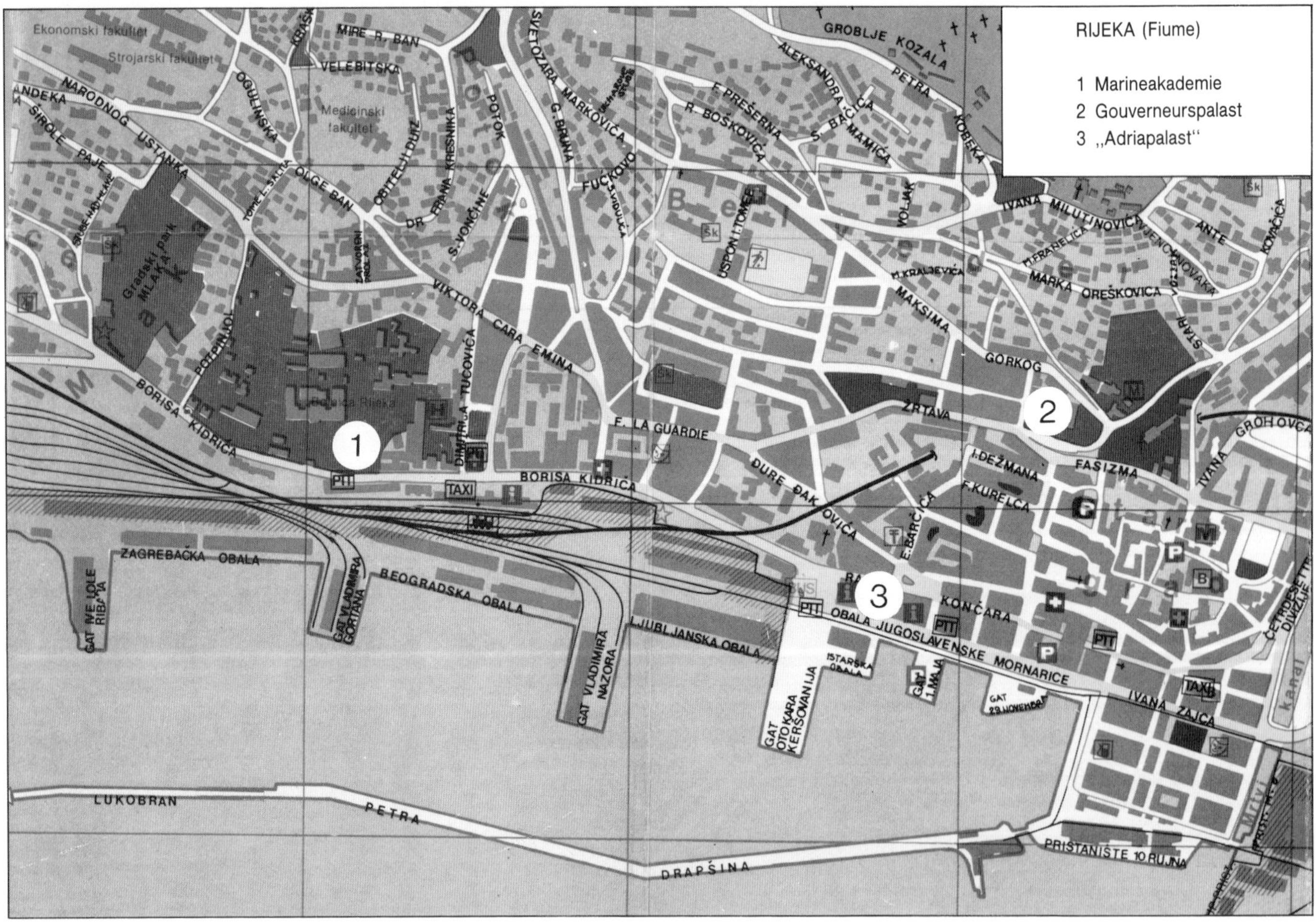
RIJEKA (Fiume)
1 Marineakademie
2 Gouverneurspalast
3 „Adriapalast“
GROBLJE KOZALA
ALEKSANDRA ČAKA
VELEBITSKA
NARODNOG USTANKA
VIKTORA CARA EMINA
BORISA KIDRIČA
F. LA GUARDIE
ĐURE ĐAKOVIĆA
ŽRTAVA
FAŠIZMA
MAKSIMA GORKOG
MARKA OREŠKOVIĆA
ZAGREBAČKA OBALA
BEOGRADSKA OBALA
LJUBLJANSKA OBALA
OBALA JUGOSLAVENSKE MORNARICE
KONČARA
IVANA ZAJCA
GAT VLADIMIRA NAZORA
GAT OTOKARA KERŠOVANIJA
LUKOBRAN
PETRA
DRAPŠINA
PRISTANIŠTE 10 RUJNA
TAXI

Links oben: Fiume, Hafenpartie.
Oben: Stadt und Hafen Fiume.

Rechts: Josef Ressel, k. k. Marine-Forstintendant (30. Juni 1793/Chrudim — 10. Oktober 1857/Laibach), Erfinder der Schiffsschraube.

VOM FISCHERDORF ZUM HAUPTKRIEGSHAFEN
Pola wird Marinegarnison

Große Veränderungen standen Pola bevor, als es 1797 im Frieden von Campoformido (Campoformio) zusammen mit dem übrigen venezianischen Istrien unter die Verwaltung Österreichs kam. Es sollte ein weiter Weg vom kleinen Dorf zum Zentralkriegshafen der österreichisch-ungarischen Monarchie werden.

Schon die Römer hatten mit ihrem außerordentlich scharfen Blick für günstige geographische Lagen die seefahrerische Bedeutung der Bucht von Pola erkannt. Durch ihre Erfahrung bei solchen Gründungen, die natürlich von militärischen und kommerziellen Interessen getragen wurden, sicherten sie ihren Städten eine lange Dauer und meistens den Fortbestand über die Zeit des römischen Imperiums hinaus. Pola, oder Pietas Julia, wie die Römer diesen Hafen genannt hatten, erlebte in den beiden ersten Jahrhunderten unserer Zeitrechnung als Wohnsitz von Kaisern, hohen Beamten und reichen Familien eine glanzvolle Epoche, in der auch die großartigen antiken Bauwerke, wie das Amphitheater, der Tempel des Augustus, der Triumphbogen der Sergier und die Porta Gemina, entstanden. Deren gut erhaltene Überreste können noch heute besichtigt und bewundert werden. Nach den Stürmen der Völkerwanderung, nach zermürbenden Auseinandersetzungen mit Venedig und nach der endgültigen Eroberung durch die Venezianer, aber auch infolge periodischer Heimsuchungen durch mörderische Seuchen (Pest und Malaria), sank Pola in einen geschichtslosen Schlaf, aus dem es erst im 19. Jahrhundert wieder erwachen sollte.

Mit der Übernahme des venezianischen Erbes wäre für Österreich auch die Grundlage zur Aufstellung einer ansehnlichen Seemacht vorhanden gewesen. Aber fehlendes Interesse der maßgebenden Stellen, finanzielle Probleme und das von den Franzosen geplünderte und ausgeräumte Arsenal von Venedig verhinderten eine Erfüllung dieser Forderung. Dennoch wurde der geschützte Hafen der Stadt Pola wiederholt von auf Kreuzung befindlichen Schiffen angelaufen.

Schon 1799 lenkte der aus der französischen Marine in kaiserliche Dienste getretene Graf de L'Espine die Aufmerksamkeit auf die günstige Lage Polas, die seiner Ansicht nach geeignet war, diesen Hafen als Marinestation zu verwenden und Venedig in einen Freihafen umzuwandeln. Dies scheiterte wiederum am Geldmangel und an der neuerlichen kriegerischen Auseinandersetzung mit Frankreich, bei der Österreich im Preßburger Frieden 1805 seine Neuerwerbung an das Königreich Italien verlor. 1810 wurde Istrien den neugebildeten illyrischen Provinzen des französischen Kaiserreichs einverleibt. Dieses Zwischenspiel fand mit dem Wiener Kongreß 1814/15 sein Ende: Istrien mit Pola kehrte in den Besitz Österreichs zurück.

Wie sah dieses unbedeutende Pola aus, als es wieder österreichisch wurde? Die Einwohnerzahl betrug damals 600 Personen (1905 waren es, ohne Militärpersonen, 32.000 Einwohner), und ein französischer Reisender schrieb zu Beginn des vorigen Jahrhunderts anläßlich eines Besuchs in Pola: „Die Garnison besteht aus neun Mann, die den Hunger mehr fürchten als den Feind."

Durch die Erfahrungen von 1848/49 mit dem revolutionären Venedig lag es auf der Hand, daß die „Serenissima" nicht mehr Hauptkriegshafen der Monarchie bleiben konnte. Nicht zuletzt durch den persönlichen Einsatz des damaligen Marinekommandanten, Vizeadmiral Birch von Dahlerup, eines Dänen im Dienst des Kaisers, wurde die Wahl zugunsten Polas entschieden. So schloß sich der Kreislauf der Geschichte: Als römische Militärkolonie war Pola zum erstenmal aus dem Dunkel der Zeit getreten, um zwei Jahrtausende später zum Zentralkriegshafen der Monarchie aufzusteigen.

Dennoch dauerte es abermals fast drei Jahrzehnte, bis Pola seinen üblen Ruf als Fiebernest abzustreifen vermochte. Wer in den Jahren um 1850 aus dem Binnenland zur Dienstleistung nach Pola bestimmt wurde, fühlte sich hier nicht sonderlich heimisch und setzte alle Hebel in Bewegung, um so bald wie möglich eine Einschiffung auf ein seege-

Pola um 1800; ein verträumtes, idyllisches Fischerdorf.

hendes Schiff oder wenigstens eine Landversetzung nach Triest, Fiume, Zara oder gar nach Wien zu ergattern.

Als aber in den achtziger und neunziger Jahren des vorigen Jahrhunderts unter dem Marinekommandanten Admiral Sterneck Pola einen raschen Aufschwung nahm, wurde die Stadt oft zur zweiten Heimat manch eines Seeoffiziers oder Marinebeamten. Auch dieses Phänomen verdient festgehalten zu werden, denn es gab kaum eine zweite Stadt in der gesamten Monarchie, die so gehaßt und zugleich so geliebt wurde wie Pola. Mancher ehemalige österreichische Marineur, längst woanders heimatzuständig, kehrte nach dem Zusammenbruch der Monarchie in sein „liebes altes Pola" zurück, um hier, oft in bescheidensten Verhältnissen, seinen Lebensabend in Erinnerungen an seine Jugend und Dienstzeit zu verbringen und auf dem Polesaner Marinefriedhof seine letzte Ruhestätte zu finden.

Pola, das wie Rom auf sieben Hügeln erbaut worden war, bestand in der Monarchie aus der inneren Stadt (Altstadt), den Bezirken Arena, San Martino, Port'Aurea, Zaro und San Policarpo sowie den Vororten della Stazione, Siana, San Michele und Veruda.

Die Grenzen der inneren Stadt begannen bei der Arena, die Riva und der Hügel mit dem Kastell begrenzten sie. Die innere Stadt endete beim Marinekasino. Das Marinekasino bildete für die in Pola stationierten Marineure Heim und Stätte der Erholung und war jahrzehntelang der gesellschaftliche Mittelpunkt der Stadt. Am 20. Juli 1870 wurde der Grundstein für das Kasino gelegt, und im Mai 1872 erfolgte die feierliche Eröffnung. Im Oktober 1910 wurde das alte Marinekasino wegen Raumnot abgebrochen, Grund dazugekauft, das Objekt größer neu gebaut und im April 1913 wieder bezogen.

Das Marinekasino war eine vorbildliche Einrichtung der Marine. Aus Eigenmitteln der Offiziere und Beamten, ohne Zuschüsse aus Staatsgeldern, erbaut und verwaltet, bildete es sozusagen einen kleinen Staat im Staate. Der jüngste Seekadett und der älteste Admiral zahlten einen gleich hohen Monatsbeitrag, und innerhalb dieses Gebäudes war jeder gleich, es herrschte kein Grußzwang, dem Älteren oder Vorgesetzten wurden vielmehr jene Höflichkeit und Achtung erwiesen, die erzogenen Menschen ein Gebot der Pflicht ist.

Das Gebäude steht noch heute, in einem wunderschönen immergrünen Garten, mit weit ausladenden Palmen und anderen, von den Auslandsreisen längst verrosteter Schiffe mitgebrachten exotischen Pflanzen. Im großen Saal des Kasinos gab es regelmäßig Konzerte der Marinekapelle, außerdem wurden hier die sehr beliebten und gut besuchten Faschings- und Kostümfeste veranstaltet. Oft zogen nach dem Ende dieser Feste die Teilnehmer zum Corso, um sich dort weiter zu vergnügen. Als Corso

Pola, die ersten ärarischen Bauten entstehen entlang der Riva. 1866.

diente in Pola aber nicht etwa die Riva oder einer der größeren Plätze, nein, eine der engsten Polesaner Gassen: die Via Sergia. Das Getriebe dort war schon an normalen Abenden groß, aber zur Faschingszeit erreichte es beängstigende Dimensionen.

Im Jahre 1896 führte in diesem Kasino Franz Lehár seine Oper „Kukuschka" auf. Lehár dirigierte die Marinemusik und Felix Falzari las das von ihm geschriebene Libretto. Lehár, der von 1894 bis 1896 in Pola Marinekapellmeister war, lernte hier den Linienschiffsleutnant Felix Falzari (geboren am 23. März 1859 in Venedig, gestorben am 21. September 1912 in Tulln) kennen und schätzen. Dieser Kontakt mit Falzari war äußerst fruchtbar; in dieser Zeit entstanden die Liederzyklen „Waidmannsliebe" und „Miramare", zu denen Falzari die Texte schrieb. Außerdem unterstützte er Lehár bei seiner Idee, eine Oper zu komponieren; so eben entstand „Kukuschka". Obwohl bei dieser Erstaufführung im Marinekasino die Zuhörer mit ihrem Beifall nicht geizten, war Lehár unzufrieden, kündigte wieder einmal, und am 31. Dezember 1896 endete seine Dienstzeit bei der Marinemusik.

Aber nicht nur auf musikalischem Gebiet war das Kasino führend. Seit dem Jahre 1876 befand sich in seinen Mauern auch der Sitz des „Wissenschaftlichen Vereins der Kriegsmarine", der durch regelmäßige Vorträge und Publikationen die Weiterbildung der Offiziere förderte. Neben diesen kulturellen und wissenschaftlichen Veranstaltungen kam auch die Unterhaltung in der Freizeit nicht zu kurz. Im Kaffeehaus des Kasinos lagen täglich mehrere Tageszeitungen auf, Kegelbahn und Spielzimmer sorgten für die Zerstreuung der Mitglieder, und die reichhaltige Bibliothek mit ihrem Leseraum lud zur Lektüre ein. Große Anziehungskraft übte das während des Krieges im großen Saal eingerichtete Kino aus: dreimal pro Woche fanden hier Filmvorführungen statt. Gut besucht war stets das Restaurant wegen seiner vorzüglichen Küche, die nicht nur zu den „offiziellen" Festessen, sondern auch für die täglichen Mahlzeiten geboten wurde.

An das Marinekasino mit seinem schönen Garten und dem gegenüber gelegenen k. k. Post- und Telegraphenamt grenzte der Bezirk „Zaro" mit dem Monte Zaro. Den Gipfel dieses Berges, der eher ein Hügel ist, krönte das Hydrographische Amt mit der Marinesternwarte und dem davor stehenden Tegetthoffdenkmal (von Professor Karl Kundmann entworfen und ausgeführt), das am 20. Juli 1877 enthüllt wurde (es steht heute in Graz).

Das im Jahr 1869 begonnene und im Juni 1871 fertiggestellte Hydrographische Amt der k. k. Kriegsmarine hatte für die Lagerung und Verwaltung der Seekarten und nautischen Hilfsbücher sowie der nautischen und wissenschaftlichen Instrumente zu sorgen. Weiters beherbergte es die Marinebiblio-

Oben: Pola, das Ausrüstungsarsenal, vom Hafenbecken aus gesehen. 1866.

Unten: Felix Falzari, Marineoffizier und Textdichter, der erste Librettist Franz Lehárs. 1884.

Unten: Franz Lehár in der Uniform des Marinekapellmeisters (1894—1896), dekoriert mit der Medaille zum preußischen Roten-Adler-Orden.

thek und gab unter anderem jährliche Publikationen heraus: die „Kundmachungen für den Seefahrer", die „Mittheilungen aus dem Gebiete des Seewesens" und, ab 1862, den „Almanach der Kriegsmarine". Die im Anbau des Amtes befindliche Sternwarte befaßte sich neben ihren Marineaufgaben auch mit der Forschung. Unter der Leitung des Astronomen Johann Palisa wurden in seiner Dienstzeit 28 Planetoiden entdeckt; anläßlich des Pola-Besuches von Kaiser Franz Joseph im April 1875 erhielten die Planetoiden 142 und 143 die Namen Polana und Adria.

Leider existiert von diesem interessanten Gebäudekomplex nur mehr die Sternwarte. In ihrer verrosteten Kuppel, die einst die optischen Geräte beherbergte, steht heute nur mehr ein armseliger hydrographischer Schreiber.

An den Monte Zaro schloß San Policarpo, das eigentliche Marineviertel, an. Böse Zungen behaupteten, Pola habe das größte Tratschnest der Welt, das sei das Marineviertel San Policarpo. Über diese Feststellung existiert sogar ein Bericht des damaligen Hafenadmirals Bourguignon an das Kriegsministerium:

„Res. Nr. 465
k. k. Hafen Admiralat zu Pola

An das hohe k. k. Reichs-Kriegsministerium Marine-Section in Wien.

Schon damals, als ich im Jahre 1864 nach Pola kam, habe ich die unliebsame Bemerkung gemacht, daß die Marine-Colonie auf dem Grunde St. Policarpo mit dem verletzenden Namen ‚Klatschhausen' belegt wurde. Meine fortwährenden Bemühungen und Zurechtweisungen haben es nach und nach dahin gebracht, daß dieser Name wenigstens von mir nur selten gehört wurde; in neuerer Zeit nimmt jedoch die obige unstatthafte Bezeichnung so überhand, daß ich sogar gegen die öffentliche Ankündigung der Eröffnung eines Gasthauses in ‚Klatschhausen' amtlich einschreiten mußte. Ich beabsichtige, zur Abstellung des immer mehr überhandnehmenden Unfuges einen Tagesbefehl zu erlassen, nachdem jedoch die Neubenennung der bereits ausgebauten Marine-Colonie theilweise auch wegen Richtigstellung der Grundbücher ein Regierungsakt sein dürfte und auch, um den hohen Intentionen nicht vorzugreifen, erlaube ich mir, das hohe k. k. Reichs-Kriegs-Ministerium um die hochgeneigte weitere Verfügung ganz gehorsamst zu bitten. Für den Namen St. Policarpo spreche ich nicht das Wort, da nach meiner Ansicht die Benennung eine deutsche sein soll; dagegen erlaube ich mir, den gehorsamsten Antrag zu stellen, die Marine-Colonie in dankbarer Erinnerung an den verewigten Gründer derselben ‚Maxheim' zu nennen und durch allgemeine Verlautbarung, dann Anbringung der nöthigen Aufschrifttafeln für die Annahme dieses Namens zu sorgen. Sollte diese Benennung hohen Ortes nicht genehm sein, so bringe ich in zweiter Linie den sehr naheliegenden und mundgerechten Namen ‚Neu-Pola' in Vorschlag.

Pola am 23. Juli 1868   Bourguignon V. A."

Dieser Bericht wurde mit österreichischer Beamtengründlichkeit zu den Akten gelegt, und Pola behielt seine inoffizielle Bezeichnung — „Klatschhausen" — bis zum Untergang der Monarchie.

Bereits Mitte des 19. Jahrhunderts befand sich, als sichtbares Zeichen des Übergangs von der Altstadt in die neue österreichische Marinekolonie, zwischen Arsenalsstraße und der Mauer ein zinnenbewehrter Turm, der Torrione, der von der italienischen Bevölkerung ironisch „Portone dei gnocchi" (Tor der Knödelfresser) genannt wurde.

Zentrum dieses Stadtteils bildete der immergrüne, mit seltenen Baum- und Strauchgattungen aus aller Welt bepflanzte Maximilian-Park, der 1865 angelegt wurde. In der Mitte des Parkes stand die Schiffssäule, die die Kriegsmarine zu Ehren ihres Förderers, des Erzherzogs Ferdinand Max, errichten hatte lassen. Rund um diesen Park reihten sich die ärarischen Wohnhäuser der Marineoffiziere und Beamten, die einfach, meist zweistöckig, mit einem kleinen Garten, angelegt waren. Zu San Policarpo gehörten auch die Marinekaserne, das Marinespital und das Marinestrafhaus, alle im typisch franziskojosephinischen Stil erbaut. Sie stehen noch heute und dienen weiterhin militärischen Zwecken.

Oben: Pola, das Marinekasino kurz nach Fertigstellung und Eröffnung. Das Gebäude enthielt ein großes Kaffeehaus, eine Restauration, einen Tanzsaal und mehrere Spiel- und Lesezimmer. Es wurde nach den Plänen des Münchner Architekten Adam errichtet. Der später so prachtvolle Garten war eben angelegt worden. 1872.

Rechts: Anton Freiherr Bourguignon von Baumberg, Hafenadmiral und Festungskommandant von Pola (1864—1879).

Links oben: Marinekasino, Kaffeehaus. In der Mitte der Tisch, auf dem immer die neuesten Tageszeitungen auflagen. 1890.

Links: Marinemusikkapelle; der Marinekapellmeister steht mit dem Zweispitz und Marinesäbel vor der Musik, am Flügel der Bandaführer mit Stock und goldbesticktem Bandelier. 1900.

Oben: Marinekasino, Restauration. 1890.

Rechts: Pola; Platzkonzert der Marinekapelle auf der Piazza vor dem Sergier-Bogen (Port'Aurea). 1914.

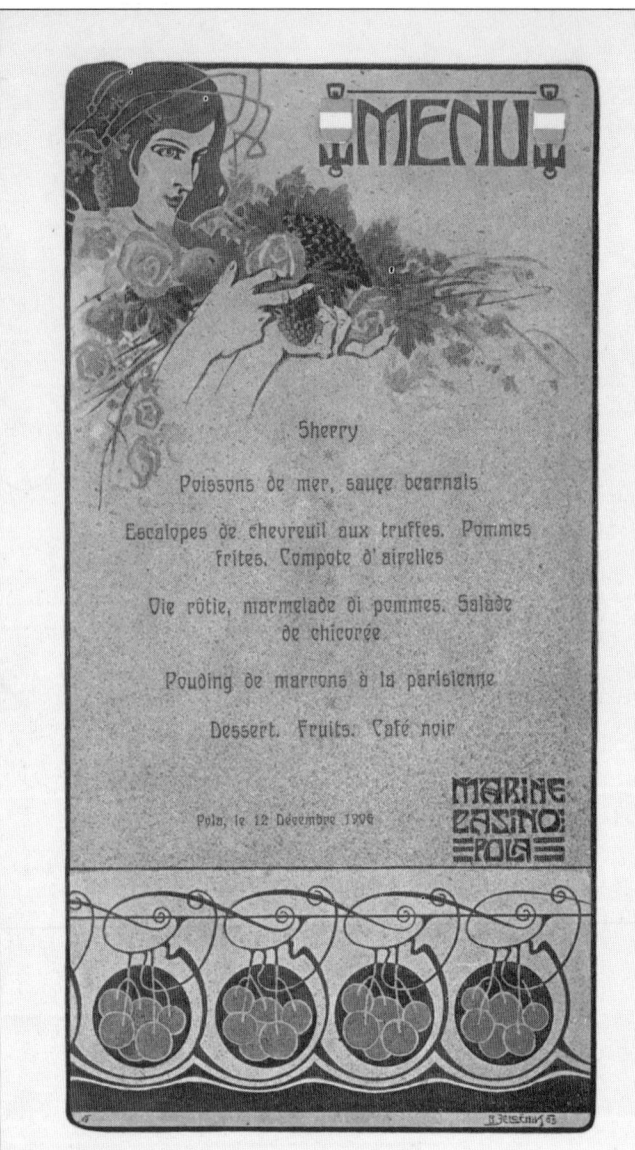

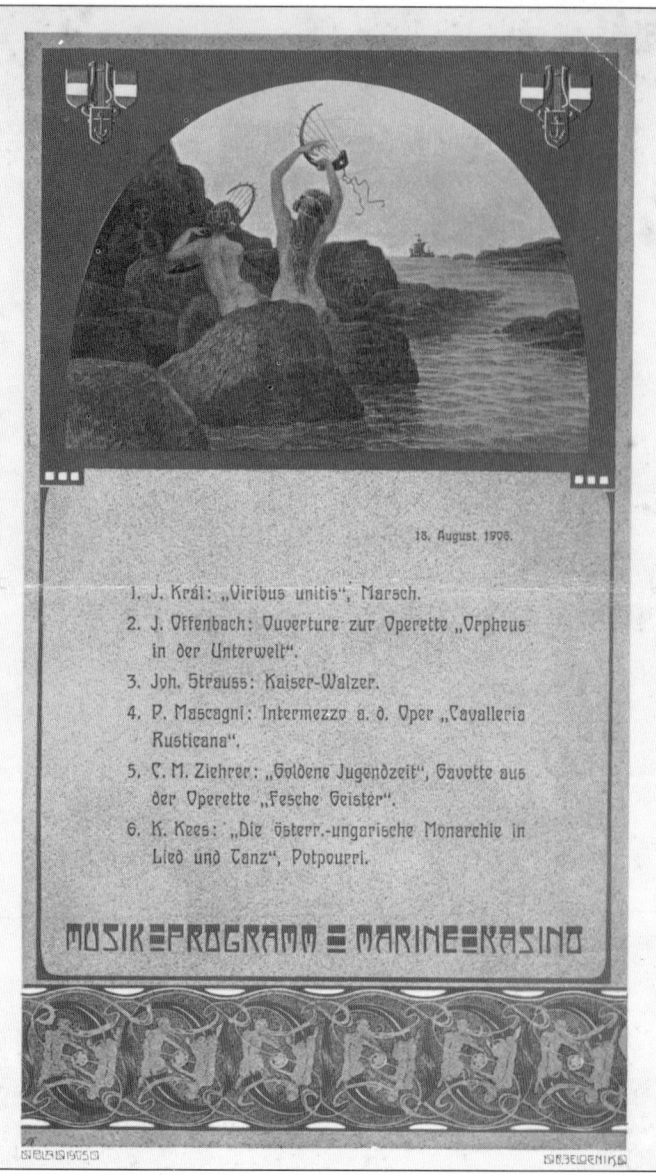

Oben ganz links: Marinekasino, Menükarte vom 12. Dezember 1906.

Oben links: Marinekasino, Musikprogramm vom 18. August 1906 (Kaisers Geburtstag).

Links: die Straßenkreuzung vor dem Marinekasino zwischen der Via dell'Arsenale und der Via Zaro, mit der im Februar 1903 eröffneten elektrischen Straßenbahn. Es verkehrten zwei Linien; die erste von der Marineschwimmschule zum Kaiserwald, die zweite vom Kasino zum Bahnhof.

Oben: Pola; das neue Marinekasino, modernisiert und vergrößert, nach seiner Fertigstellung. Sogar ein Taxistandplatz befand sich vor dem Eingangstor. 1913.

Rechts: Einladung zu einem der berühmten Kostümfeste im Marinekasino unter der Devise „Ronacher-Abend". 1902.

Ganz oben: Via dell'Arsenale. Links die fast zwei Kilometer lange Steinmauer (gebaut aus dem Abbruchmaterial der mittelalterlichen Stadtmauer), die das Seearsenal auf der Landseite umschloß, rechts, in der Mitte der Häuserfront, das bei den Seeoffizieren und deren Familien sehr beliebte Hotelrestaurant und Café „Central".

Oben: Pola, Halbinsel San Pietro; Marineschwimmschule und Strandbad. Sie waren durch Stahlnetze gegen Haifische abgesichert. Heute befindet sich auf dieser früher dem Sport und der Freizeit gewidmeten Insel eine Zementfabrik.

Westlich vom Park lagen die Wohnhäuser der Unteroffiziere und Arsenalsarbeiter, in ihrer Mitte der hauptsächlich von den Kindern dieses Stadtteiles besuchte Marinekindergarten.

Nicht weit vom Marinespital entfernt, Richtung Stadtgrenze, liegt auch heute noch der Marinefriedhof. Das Grundstück für diesen von einer Steinmauer umgebenen Friedhof wurde von der Kriegsmarine im Jahre 1862 angekauft. In einer Oase der Stille, unter hohen Zypressen und Palmen, halten die Toten der Kriegsmarine ohne Ansehen des Dienstranges, Admirale, Beamte und Matrosen, sowie deren Familien ihren ewigen Schlaf. In den 1894 vergrößerten, rechteckförmigen Friedhof mit seiner im Zentrum liegenden Kapelle dringt ab und zu der Maschinenlärm des nahen Arsenals oder der Hornton eines auslaufenden Schiffes. In einem kleinen Häuschen rechts neben dem Eingang zum Friedhof amtierte ein Marinediener, der die Plätze für die Begräbnisstellen zuwies und darauf achtete, daß die Vorschriften eingehalten wurden. Denn so wie alles in der k. (u.) k. Kriegsmarine war auch nach dem Ableben die letzte Ruhe amtlich (im Dienstbuch I-11, in der Marinefriedhof-Ordnung) geregelt.

Kaum 200 Meter vom Friedhof entfernt liegt die Marinekirche „Madonna del mare", ein bauliches Juwel an der Adria. Sie wurde nach einer Idee und auf Anregung des damaligen Marinekommandanten Freiherr Daublebsky von Sterneck als Kirche und Ruhmeshalle für die Marine konzipiert und nach den Plänen des Wiener Dombaumeisters Friedrich von Schmidt und des Professors Luntz durch den Triestiner Architekten Natale Tommasi errichtet. Am 28. Juni 1891 erfolgte die Grundsteinlegung in Anwesenheit Kaiser Franz Josephs I. Zu der dreischiffigen, im byzantinischen Stil erbauten Basilika soll die Architekten der Dom von Florenz inspiriert haben. Nach mehrjährigem Bau und notwendig gewordenen ständigen Spendenaktionen wurde am 2. Dezember 1898 die Einweihung der Kirche vorgenommen.

Admiral Sterneck, der am 5. Dezember 1897 in Wien starb, konnte sein Lebenswerk nicht mehr vollendet sehen; er wurde zunächst auf dem Polesaner Marinefriedhof begraben. Nach der Fertigstellung der Basilika wurde Sterneck am 4. Dezember 1899 exhumiert und dann in der Unterkirche in einem Steinsarg zur letzten Ruhe gebettet. Neben vielen Votivtafeln der Kriegsmarine befand sich über dem Altar in der Kuppel des Altarraumes ein wunderschönes Mosaik, das die Muttergottes mit den vor ihr knienden österreichischen Admiralen darstellte. Leider ist das Mosaik heute nur mehr teilweise vorhanden.

Vom Kirchenportal, über die Stiege in die Via dell'Arsenale, gelangt man zum Seearsenal. Das Seearsenal wurde nach den Plänen des Geniegenerals Carl Moering gebaut, nachdem am 9. Dezember 1856 die Grundsteinlegung erfolgt war. Das Arsenal beherbergte die Werften, Stapel, Docks und Werkstätten, die für Neubauten oder Schiffsreparaturen notwendig waren, sowie die Magazine für Schiffsbau- und Ausrüstungsmaterialien. Das aus zwei Teilen bestehende Arsenal (größerer Teil auf dem Festland, kleinerer Teil mit Docks und Helling auf der Olivenfinsel) war durch eine Schleppbahn mit der Station der Staatseisenbahn verbunden.

Der Stand der Zivilarbeiter im Arsenal betrug grundsätzlich 2.000 Personen; ihre Zahl stieg je nach Bedarf auf mehr als das Doppelte. Bemerkenswert ist die Tatsache, daß die Marineverwaltung für die Arsenalarbeiter im Laufe der Jahre verschiedene Wohlfahrtseinrichtungen schuf. Die bedeutendste war die Krankenkasse, der alle Beschäftigten angehören mußten. Die Beiträge wurden teils vom Marineärar und teils von den Arbeitern selbst geleistet. Außerdem waren alle Arbeiter bei der in Triest für das Küstenland bestehenden Unfallversicherungsanstalt versichert, deren Versicherungszahlungen zur Gänze vom Marineärar getragen wurden.

Das Seearsenal war eine der Sehenswürdigkeiten der Marinestadt; es konnte besichtigt werden, man mußte einen Erlaubnisschein lösen. Der Portier wies dem Besucher dann einen Unteroffizier als Führer zu. Im Reiseführer des Jahres 1915 für Pola steht folgendes:

„Man betritt von der Via dell'Arsenale aus den Arsenalkomplex, die Werkstätten auf dem Festlande,

Oben: Hydrographisches Amt; hintere Seite der Sternwarte, die von der Polesaner Bevölkerung auch „Specola" genannt wurde.

Rechts: Pola, Via Sergia. Der Corso befand sich in dieser engen, aber abends am meisten frequentierten Straße Polas.

Pola, Blick auf das Marinespital; links im Hintergrund der Glockenturm der Marinekirche. 1890.

durch ein Tor der Einfassungsmauer. Rechts die Admiralität; dann links durch ein zweites Tor in den inneren Raum des Arsenals. Das nächste Gebäude ist die Artilleriedirektion mit Waffensaal im Erdgeschosse und den Sammlungen des Marinemuseums im 1. Stockwerke. (Besichtigung lohnend!)
Die Sammlung besteht aus Objekten aller Art, welche mit der Geschichte und den Schicksalen der österreichischen Kriegsmarine irgendwie verknüpft sind. Teils sind es Modelle von Schiffen, die längst nicht mehr bestehen, teils Trophäen, Denk- und Erinnerungszeichen, Reliquien u. dgl. m. Mit diesen Gegenständen sind drei kleine Zimmer angefüllt. Man beachte die verschiedenen Schiffsmodelle, den Blitzableiter des am 4. März 1852 während eines Sturmes auf der Fahrt von Venedig nach Triest spurlos verschwundenen Kriegsdampfers ‚Mariaanna', Vitrinen und Schreine mit Erinnerungszeichen (Uniformen, Flaggen, Feldzeichen, Lorbeerkränze, Orden usw.) an Tegetthoff, Erzherzog Friedrich (1847) usw. Von Interesse ist das in riesigen Dimensionen gehaltene Tapferkeitszeugnis, welches die Schiffskommandanten nach der Schlacht von Lissa ihren Kommandanten ausstellten. Ferner eine blauweiße Flagge, welche Don Juan d'Austria in der Schlacht bei Lepanto (1571) auf seinem Admiralsschiff führte, und im letzten Chinakriege erbeutete Geschütze und Banner usw.
Das Gebäude hinter der Artilleriedirektion ist die Artilleriewerkstätte, jenes linker Hand das Torpedodepot (Eintritt ist nicht gestattet!), dahinter die Übungswerkstätte, dann die Geschützhalle mit den großen Schiffsstücken auf Holzbettungen und einem Laufkran. Hierauf (links) Artilleriedepot. Das nächste größere Gebäude enthält die Gießerei mit Kupolöfen und Bronze-Schmelzöfen. Gegenüber der Gießerei befindet sich das chemische Laboratorium und eine Strecke weiter die Dampfhammerschmiede. Dieser gegenüber sehen wir das Aus- und Abrüstungsmagazin mit den unzähligen Dingen, deren ein Schiff bedarf. Es folgt die Werft zum

Marinespital, Vorderfront. Das Spital wurde 1863 seiner Bestimmung übergeben und war für 500 Betten ausgelegt. 1890.

Bau der Lastboote und (zurück längs des Ufers) das Ketten- und Ankermagazin, das interessante Bootsmagazin, wo über- und nebeneinander zahlreiche Boote und Barkassen, ja sogar venezianische Gondeln aufgespeichert sind. Am Ufer daneben ragt der Scherenkran empor. Wir kommen dann in der Folge zu der Kesselschmiede und zu dem Maschinensaal, der elektrischen Zentrale und dem Kesselwasserreinigungsturm. Von minderem Interesse sind die Holzbearbeitungswerkstätte, Schiffsbauschmiede und Maschinentischlerei. Es folgen weiter noch die Räumlichkeiten für die Rudermacher und Blockschneider, die Bootswerkstätte und das Hauptmagazin. Im letzteren befindet sich die ‚Silberkammer', welche das Tafelsilber und Silbergeschirr für die Offiziersmessen der einzelnen Schiffe enthält.

Wenn man mit der Besichtigung des Arsenales fertig ist, nehme man den Rückweg hart am Kai. Hier liegen nämlich jederzeit eine größere Zahl von Panzerschiffen (meist abgerüstet) vertäut. Eines dieser Schiffe kann besichtigt werden und wird der Name desselben auf der Eintrittskarte für das Seearsenal angemerkt.

Man verfüge sich, nachdem man das Arsenal verlassen, nach dem nördlichen Hafenkai und begebe sich über die eiserne Brücke, welche vom Festlande nach dem ‚scoglio olivi' (Oliveninsel) führt. Vom Kai der letzteren tritt man zunächst dem Inspektionshäuschen in den Innenraum des Schiffsbau-Etablissements.

Man erhält nach Vorweisung des Erlaubnisscheines abermals einen Führer, der bei Besichtigung der Objekte in der Regel die nachfolgende Ordnung einhält: Die Schiffswerften, von denen zwei große, gedeckte Räume darstellen (Eisenkonstruktion), in welchen Kriegsschiffe, geschützt gegen alle Wetterunbilden, gebaut werden können. Man besehe sich die Stapelplätze und die riesigen Schlitten für den Stapellauf. Ferner den neuen, mächtigen eisernen Helling, unter welchem Großschiffe gebaut werden können. Sodann besichtige man die beiden Trok-

Ganz oben: San Policarpo, die Wohnhäuser für die Marineunteroffiziere.

Oben: Marinevolks- und Bürgerschule des Marineviertels San Policarpo.

Ganz oben: San Policarpo, die Wohnhäuser für die Arsenalsarbeiter.

Oben: Marinerealschule. Sie grenzte unmittelbar an den Exerzierplatz der Marinekaserne und Maschinenschule.

Rechts oben: San-Policarpo-Park, vor der Errichtung des Erzherzog-Ferdinand-Max-Denkmals. 1870.

Rechts: Schulzeugnis der Marinevolksschule Pola aus dem Jahre 1877/78.

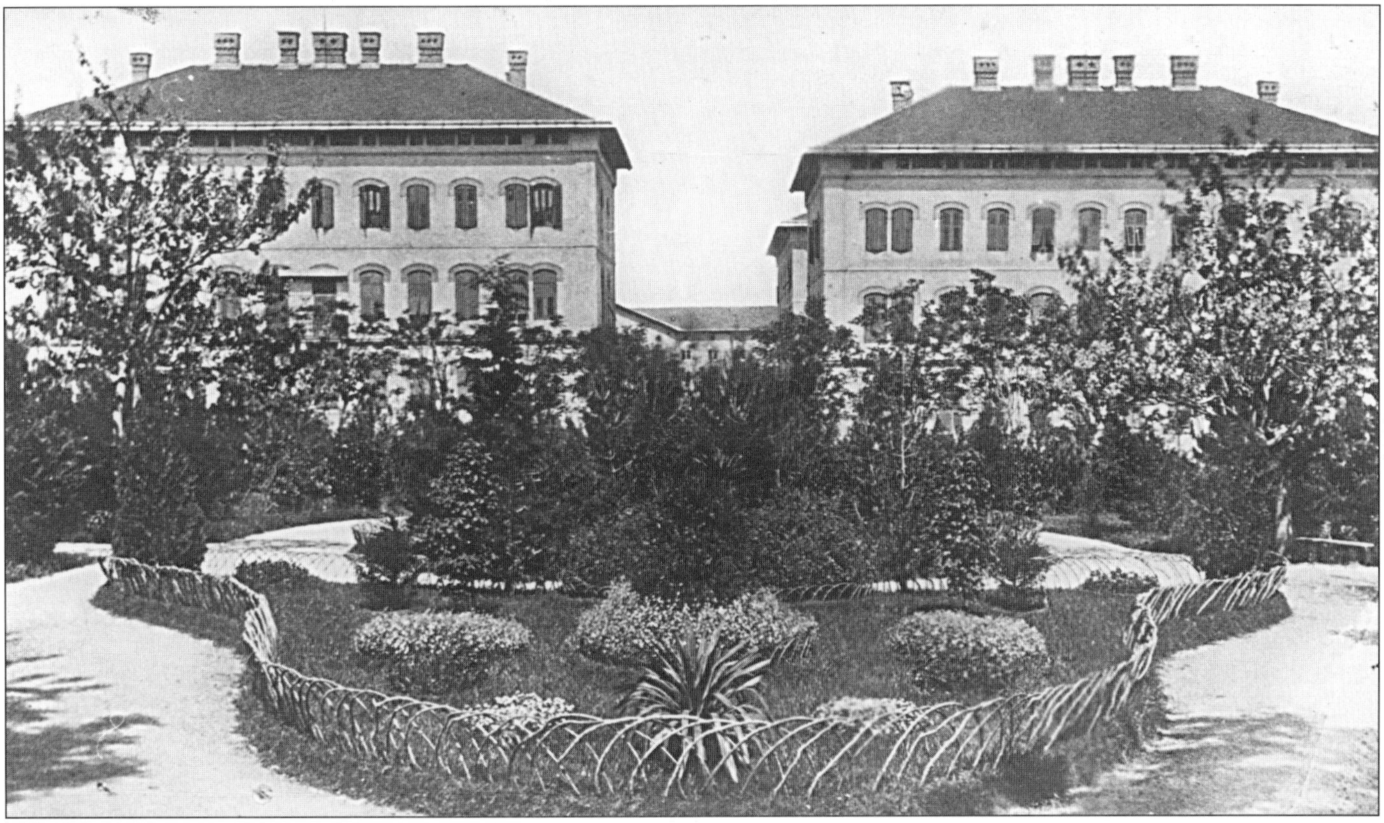

Schuljahr 1877/8

Schulnachrichten

über *Ichan Johann* Schüler der *4.* Klasse an der vierklassigen k. k. Marine-Knaben-Volksschule zu Pola.

Zeit von	Zeit bis	Sitten	Religion und biblische Geschichte	Lesen	Sprachlehre	Rechtschreiben	Gedankenausdruck	Anschauungsunterricht	Erdkunde und Geschichte	Naturkunde	Rechnen	Formenlehre und Zeichnen	Schönschreiben	Gesang	Turnen	Zahl der versäumten halben Schultage entschuldigt	Zahl der versäumten halben Schultage nicht entschuldigt	Anmerkung	Unterschrift der Eltern
1/9	15/11	v.e.	g	sg	g	g	g		m	g	g	g	g	g	sg	3			Johann Ichan
	30/1	e.	g	sg	g	g	g		g	g	g	g	g	g	sg		1		der Vater krank Johanna Ichan
	15/4	e.	sg	sg	g	g	g		g	g	sg	sg	g	g	sg	8			[illegible] Johann Ichan Egd. Zalokar
	28/6	v.e.	sg	sg	g	g	g		g	g	sg	sg	g	m					[illegible] Zalokar

Sitten: vollkommen entsprechend (v. e.), entsprechend (e.), minder entsprechend (m. e.). **Fortgang:** sehr gut (s. g.), gut (g.), mittelmässig (m.), ungenügend (u.).

[illegible] Dirigierender Oberlehrer — [illegible] Religionslehrer — [illegible] Lehrer

Oben: Pola, Marinefriedhof; Gräberreihen rund um die im Zentrum des Friedhofs liegende Aufbahrungskapelle.

Links: die auf der rechten Seite der Kapelle angebrachte Gedenktafel für den ersten jugoslawischen Marinekommandanten, den ehemaligen Linienschiffskapitän Janko Vuković de Podkapelski.

Rechts oben: Marinekirche; Ansicht aus westlicher Richtung mit dem 28 m hohen Glockenturm. 1910.

Rechts: Natale Tommasi, der Erbauer der Marinekirche „Madonna del Mare" (24. Dezember 1853/Trient — bis 14. März 1923).

Rechts außen: Marinekirche; Hauptportal mit den Heiligen (von links nach rechts) Polykarpus, Josef, Barbara, Andreas und Nikolaus. 1910.

41

Links oben: Seearsenal, Oliveninsel. Durch Aufschüttungen wurde die Fläche der Oliveninsel vergrößert. Der letzte der beiden Stapel war 1856 fertiggestellt, die Überdachung im Jahre 1862 abgeschlossen. Das Photo wurde vor dem Stapellauf des Panzerkreuzers „St. Georg" am 8. Dezember 1903 gemacht.

Links: Seearsenal; Blick vom Ausrüstungsarsenal auf die Oliveninsel, rechts der Scherenkran und die in Reserve befindlichen Schiffe. 1890.

Ganz oben: Blick durch die Gitterbrücke auf die Oliveninsel.
Oben: Gitterbrücke; sie verband das Konstruktionsarsenal auf der Oliveninsel mit dem Festland. 1910.

Links oben: Oliveninsel, 15.000 t-Schwimmdock.

Links: Eintrittskarte für den Besuch des Seearsenals mit gleichzeitiger Besichtigung des Panzerkreuzers „St. Georg".

Oben: Ausrüstungsmagazin; vorne der Kreuzer „Kaiserin Elisabeth", dahinter die Arsenalsmagazine, im Hintergrund links der Monte Zaro mit dem Hydrographischen Amt, in der Mitte das Dach der Maschinenschule und der Marinekaserne.

Rechts: Seearsenalskommandogebäude, Hauptportal. 1890.

Oben: Oliveninsel, Mallbodengebäude. Hier wurden die Spanten über Formen im Bootsbau gebogen (Mall = Spantenschablone); rechts stehen einige restaurierte Gallionsfiguren. 1913.
Links: Marinetaucher im Seearsenal.

Rechts oben: Ausrüstungsarsenal, Blick über die Bootsmagazine auf die Insel San Andrea. Dazwischen liegen der Kohlentransporter „Pola", Bergungsschiff „Herkules" und der Rapidkreuzer „Admiral Spaun". 1917.
Rechts: Blick in eines der Bootsmagazine auf die gelagerten Beiboote und Dampfbarkassen.

47

kendocks (mit Schwimmtoren und Pumpenwerken). Das Balancedock ist ein ungeheurer, schwimmender Kasten. Wird in die hohlen Innenräume Wasser gepumpt, so sinkt es so tief, daß ein Schiff zwischen den beiden Seitenwänden einfahren kann. Nun wird dieses festgemacht, die Pumpen entfernen das Wasser aus den Hohlräumen und das Balancedock hebt sich samt seiner Last aus den Fluten.

Zu den Werften zurückgekehrt, besichtigt man noch das Mallboden-Gebäude, die Schiffsschmiede und die Sägemaschine. Beim Inspektionshäuschen entlasse man den Führer."

Der Komplex des Seearsenals wurde auf einer Seite durch die Mauer in der Via dell'Arsenale und auf der anderen Seite durch das Hafenbecken begrenzt, das die Oliveninsel in den Kriegs- und Handelshafen teilte. Ging man von der Gitterbrücke, die die Oliveninsel mit dem Festland verband, auf der Riva in nordöstlicher Richtung, so passierte man das im Jahre 1861 erbaute Festungskommandogebäude (Stabsgebäude) und die 1878 fertiggestellte Infanteriekaserne. An der Arena vorbei kam man schließlich in den Vorort della Stazione, an dessen Grenze das noch heute existierende Luxushotel „Riviera" steht, an das die vom Jugendstilarchitekten Münz gebauten Wohnhäuser anschließen. Am Ende dieser Baureihe befindet sich der im ärarischen Stil erbaute Bahnhof von Pola. Hier erreichte der per Bahn Anreisende die Stadt. Der Schiffsreisende traf am Molo Elisabeth ein, in unmittelbarer Nähe des Hotels „Riviera". Dieser Molo war Anlegestelle der Dampfer des Österreichischen Lloyd und auch der Küstendampfer der regionalen Reedereien.

Wenn ein Besuch des Kaisers im Hauptkriegshafen bevorstand, war dies für Pola und dessen Garnison immer ein ganz besonderes Ereignis: schon Wochen vorher wurden von den obersten Militär- und Verwaltungsbehörden das Programm und die Dispositionen erstellt. So auch im September 1902, als ein Besuch Kaiser Franz Josephs I. bei seiner Marine angesagt war.

Am 1. September, nachmittags, traf der Monarch mit seiner Begleitung, von Bad Ischl kommend, im „Hof-Separat-Zug" in Pola ein. Beim Eintreffen des Zuges hißten alle Forts der Festung die Flagge, die Einheiten der Flotte legten große Flaggengala an und alle Schiffe feuerten zur Begrüßung je 21 Salutschüsse ab. Der Hofzug hielt nächst dem Molo Elisabeth, auf dem ein kleiner Pavillon errichtet worden war. Davor waren eine Ehrenkompanie des Matrosenkorps mit der Marinemusik angetreten. Der Kaiser bestieg das bereitliegende Hofboot und fuhr unter dem Jubel der Bevölkerung und der Schiffsbesatzungen den Handelshafen längs der reichgeschmückten und beflaggten Riva entlang: Als der Monarch seine Yacht „Miramar" betrat, wurde auf ihr die Kaiserstandarte gesetzt. Um 4 Uhr nachmittags lief die Yacht aus, um auf der Höhe von Pirano zur Eskader zu stoßen. Dort verfolgte er mit großer Aufmerksamkeit die kriegsmäßigen Übungen. Obwohl Franz Joseph immer nachgesagt wurde, er habe als oberster Kriegsherr einer Kontinentalmacht wenig Verständnis für die Marine gehabt, zeigte er stets reges Interesse an allem, was mit Schiffahrt zusammenhing. (Die Marineuniform freilich hat Franz Joseph, im Gegensatz zu Thronfolger Erzherzog Franz Ferdinand und seinem Nachfolger Kaiser Karl, nie getragen.)

Am 4. September fand, als Abschluß der Übungen, an Bord der Yacht „Miramar" um 12 Uhr ein Festessen statt, und nachmittags erfolgte (durch die Ausschiffung des Monarchen) die „Aufhebung des kaiserlichen Hoflagers". Franz Joseph I. besichtigte dann im Seearsenal auf der Oliveninsel das neue Balancedock und hierauf das Marinemuseum. Arsenalskommandant Konteradmiral Paul von Pott begleitete den Kaiser durch die Säle des Museums. „Seine Majestät", heißt es in einem zeitgenössischen Bericht, „zeigte großes Interesse an den Trophäen der Kriegsmarine aus dem Boxerkrieg in China, wie erbeutete Flaggen, Gewehre und Geschosse, und lobte ausdrücklich die Vielzahl der Objekte und die gute Anordnung der Schaustücke."

Anschließend fuhr der Kaiser zusammen mit seiner Begleitung, wieder unter den Jubelrufen der Bevölkerung, durch die reichbeflaggte Arsenalsstraße zur Kirche „Madonna del Mare". In der Marinekirche besichtigte er unter anderem die den in China Gefalle-

Pola während des Ersten Weltkrieges. Schnee ist in diesen Breiten sehr selten. Vorne Torpedoboote, in der Mitte die Yacht „Lussin", dahinter Magazine mit dem Hauptmagazin, im Hintergrund die obersten Stockwerke der Marinekaserne und Maschinenschule.

nen gewidmete Votivtafel. Nach dem Besuch der Kirche kehrten der Monarch und seine Begleitung zum Bahnhof zurück. Der langgestreckte Perron war mit Militär und Beamten dicht besetzt. Der Kaiser sprach den obersten Organen der Militär- und Zivilbehörden seine besondere Zufriedenheit über den reibungslosen Ablauf des Besuches aus. Marinekommandant Admiral Freiherr von Spaun dankte dem Monarchen für die hohe Auszeichnung, die der Marine durch die Ernennung des Thronfolgers, des Erzherzogs Franz Ferdinand, zum Admiral zuteil geworden war.

Der Kaiser bestieg den Hofzug und verließ den Hauptkriegshafen unter dem Donner der Salutschüsse und stürmischen Hurrarufen, am offenen Fenster stehend. Am 5. September traf Franz Joseph I. wieder in Wien ein.

Das war der letzte Besuch des Kaisers in Pola. Sein Nachfolger Kaiser Karl I. dagegen besuchte den Zentralhafen in seiner kurzen Regierungszeit (1916–1918) mehrmals.

Trotz zweier Weltkriege sind auch heute noch viele Bauten und Gebäude aus Polas österreichischer Zeit vorhanden; und obwohl Pola im Laufe dieses Jahrhunderts dreimal den Besitzer gewechselt hat, prägen die weißen Marineuniformen, im Schnitt den österreichischen ähnlich, die von den Matrosen der jugoslawischen Kriegsmarine heute getragen werden, noch immer das Bild der Hafenstadt Pola.

Oben: Arena; Blick über den Handelshafen auf die Anlagen der Oliveninsel. 1900.

Links: Oliveninsel, Flugaufnahme eines österreichischen Seeflugzeuges vom nordöstlichen Teil der Oliveninsel. Die beiden Schwimmdocks zu 22.000 t (Spitalschiff „Tirol") und 15.000 t (Rapidkreuzer „Admiral Spaun"). Die Aufnahme stammt aus der Zeit des Ersten Weltkrieges.

Rechts oben: Via dell'Arsenal, Buch- und Papierhandlung Schrinner. Rechts das Hafenadmiralat und das Seearsenalkommandogebäude. Im Geschäft Schrinner wurden sämtliche Papierwaren und Schreibutensilien angeboten; außerdem lag ein reichhaltiges Sortiment an Photos und Büchern der k. u. k. Kriegsmarine auf. Leider existiert diese linke Häuserreihe nicht mehr, sie fiel einem Bombenangriff gegen Ende des Zweiten Weltkrieges zum Opfer.

Rechts: Stabsgebäude, daneben Café „Miramar". Hier, auf dem sogenannten „Molo Bellona", spielte sich der gesamte Bootsverkehr Polas ab. Dort legten die Dampfbarkassen, die Ruderboote und die Tender an, die den Bootsverkehr mit den an den Bojen liegenden Schiffen aufrecht hielten.

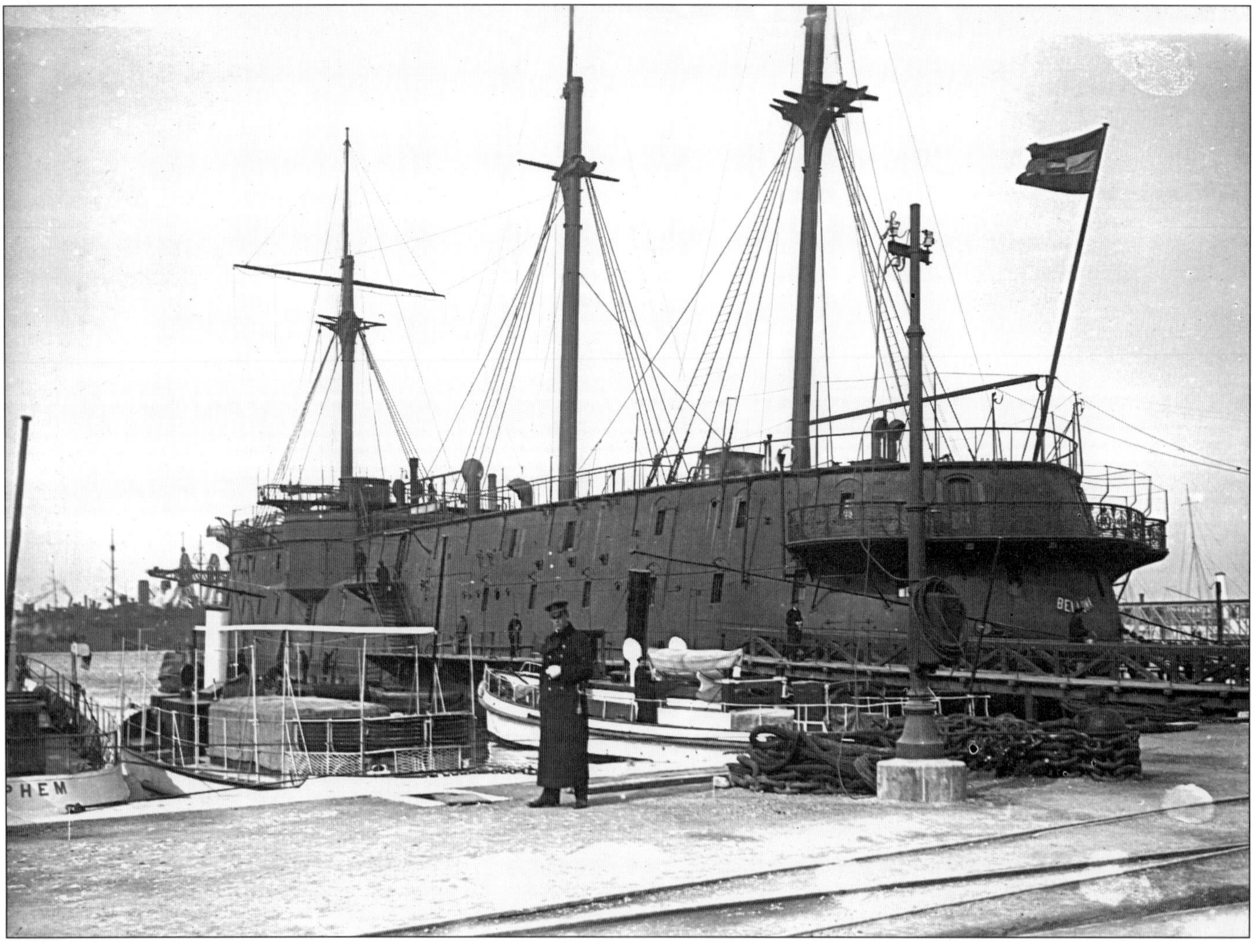

52

Links oben: Valle Vergarola; der sogenannte „Intelligenzwinkel", mit dem Artillerieschulschiff „Radetzky" (ab 1908 in „Adria" umbenannt) und dem Bequartierungsschiff „Erzherzog Ferdinand Max". Hier wurden die Offiziers-Artilleriekurse abgehalten. Rechts das Turmschiff „Kronprinz Erzherzog Rudolf".

Links: Hulk „Bellona", das ehemalige Linienschiff „Kaiser".

Oben: Infanteriekaserne an der Riva. In ihr waren das Infanterieregiment Nr. 87 Freiherr von Succovaty und das Festungsartillerieregiment Nr. 4 stationiert. An Stelle dieses dreistöckigen Baus steht heute ein Wohnhausblock.

Rechts: Exerzierplatz zwischen der Marinekaserne und der Maschinenschule mit den zur Vereidigung im Karree angetretenen Rekruten.

Oben: typisches Polesaner Wein- und Bierdepot mit Schankgarten in der unmittelbaren Nähe der Arena.

Links: die Arena mit der „Karolinen"—Quelle. Über der gefaßten Quelle ist eines der drei Pumpwerke sichtbar, die den Hafen Pola mit Wasser versorgten.

Rechts: der Blick auf den Kriegshafen von der Brücke des Turmschiffes „Kronprinz Erzherzog Rudolf"; links das Arsenalskommandogebäude, Mitte das Hauptmagazin des Seearsenals und darüber der Monte Zaro mit dem Hydrographischen Amt.

56

Rechts: das 1909 erbaute Luxushotel „Riviera".

Links oben und unten: Hotel „Riviera", Speisesaal.

Links oben: Molo Elisabeth; der Lloyddampfer „Prinz Hohenlohe" ist eben angekommen.

Links: Via della Stazione; die heute noch bestehenden, 1906 im Jugendstil erbauten Wohnhäuser des Architekten Münz.

Rechts: der eiserne Leuchtturm. Auf der Riva in unmittelbarer Nähe der Infanteriekaserne errichtete das österreichische Rote Kreuz während des Ersten Weltkrieges für die Kriegsfürsorge diesen Leuchtturm aus Holz. In seine Seitenwände wurden, je nach der Höhe der Spende, Gold-, Silber- oder Eisenstifte eingeschlagen. 1917.

EIN SEEOFFIZIER WIRD KAISER VON MEXIKO
Die Ära Ferdinand Max und Tegetthoff

Erzherzog Ferdinand Max, der zweite Sohn des Erzherzogs Franz Karl und der Erzherzogin Sophie, kam am 6. Juli 1832 in Schönbrunn bei Wien als jüngerer Bruder Franz Josephs, der 1848 Kaiser von Österreich werden sollte, zur Welt. Schon als Knabe von Tatendrang erfüllt, gegenüber den Schönheiten der Natur aufgeschlossen, von lebhafter Phantasie, war es einer der größten Wünsche des Erzherzogs, die Welt zu sehen und kennenzulernen. Seine Sehnsucht nach dem Meer und seine Reiselust wurden bei seiner ersten Seereise im Jahre 1850 nur teilweise gestillt, die ihn an Bord des Kriegsdampfers „Vulkan" nach Griechenland und Smyrna führte. Nach dieser Reise entschied sich Ferdinand Max für den Seemannsberuf und trat 1851 als Fregattenleutnant in die k. k. Kriegsmarine ein. Die Einschiffungen zu Beginn seiner Dienstzeit auf der Segelfregatte „Novara" und dem Dampfer „Volta", auf denen er normalen Dienst als Seeoffizier tat, führten ihn ins östliche und westliche Mittelmeer und in den Atlantischen Ozean. Das Schicksal der „Novara" war auf geheimnisvolle Weise mit seinem eigenen Lebensschicksal verbunden; auf der „Novara" begann seine Marinelaufbahn, mit ihr landete er in Vera Cruz, um sein Kaiserreich Mexiko zu betreten, und auf der „Novara" kehrte er als Toter in die Heimat zurück. An Bord der „Novara" begann er auch mit seinen Aufzeichnungen, bestehend aus Reiseskizzen, Aphorismen und Gedichten, die dann 1867 als siebenbändiges Werk unter dem Titel „Aus meinem Leben" in Leipzig erschienen sind.

Nach seiner Beförderung zum Korvettenkapitän im April 1853 erhielt er das erste selbständige Kommando auf der Korvette „Minerva", mit der er in den Gewässern vor Dalmatien und Albanien kreuzte. Durch die Ernennung von Ferdinand Max zum Konteradmiral und Marineoberkommandanten (am 10. September 1854) begann für die k. k. Kriegsmarine eine neue Ära. Mit jugendlicher Begeisterung ging er an die Lösung der ihm gestellten Aufgabe, für Österreich eine Flotte zu schaffen, die in jeder Hinsicht, militärisch, handelspolitisch und wissenschaftlich, entsprechen sollte. Bereits im Jahre 1855 unternahm er an der Spitze von vierzehn Schiffen, der bisher größten österreichischen Eskader, eine längere Kreuzung im Mittelmeer. Unter diesen Einheiten befanden sich die Fregatten „Schwarzenberg", „Novara", „Venus" und „Radetzky". Nachdem sich das Geschwader am 15. Juni in Salamis vereinigt hatte, gingen sämtliche Schiffe wenige Tage später auf der Reede von Phalera (Athen) vor Anker, und an Bord der S. M. S. „Schwarzenberg", dem Admiralsschiff, wurde ein großes Diner gegeben, zu dem auch der König von Griechenland geladen war. In den folgenden Wochen wurden noch die Häfen von Messina und Neapel angelaufen.

Auf die Initiative des Erzherzogs hin wurden diese taktischen Schiffsverbände zur Dauereinrichtung, um eine gründliche und militärische Ausbildung und Schulung von Offizieren und Mannschaften sicherzustellen. Das Streben des Marineoberkommandanten, durch wissenschaftliche und handelspolitische Missionen das Offizierskorps besser auszubilden und auf die Bedeutung dieser Aufgabe für eine Kriegsmarine in Friedenszeiten aufmerksam zu machen, veranlaßte ihn, zwei bedeutsame Expeditionen, die Weltumsegelung der Fregatte „Novara" (1857–1859) und die Entsendung der Korvette „Carolina" (1857–1858) nach Westafrika und Südamerika, in die Wege zu leiten. Es gelang ihm, trotz größter Widerstände, die Flotte durch Neubauten zu verstärken. Seine Besuche in Häfen und Werften des Auslandes hatten ihn mit dem technischen Fortschritt, mit neuen Schiffstypen bekanntgemacht, und in seiner Dienstzeit erlebte er, wie der Dampf- den Segelantrieb ablöste. Vor allem wurde der Ausbau des Seearsenals in Pola gefördert. Aber auch das seit dem Mittelalter bestehende Marinearsenal in Venedig wurde modernisiert und erweitert. Bei der Neuorganisation des Erziehungs- und Bildungswesens für den Marinenachwuchs wurde für die Seeaspiranten der allgemeine Unterricht auf dem Land, der Fachunterricht dagegen, wie Nautik oder Navigation, an Bord eines Kriegsschiffes einge-

Oben: Fregatte „Novara" (2497 t) in Triest. Ursprünglich als Fregatte „Minerva" in Venedig auf Kiel gelegt. Am 4. November 1850 erfolgte der Stapellauf als „Novara". 1857–1859 Weltumsegelung. Das Schicksalsschiff des Erzherzogs Ferdinand Max: 1851 erste Dienstleistung als Seeoffizier, 1864 Reise nach Mexiko, 1867/68 Heimholung des Toten. 1866.

Rechts: An Bord der Fregatte „Schwarzenberg" (2.514 t). Marineoberkommandant Erzherzog Ferdinand Max in der Mitte (verschränkte Arme) sitzend, von seinen Schiffskommandanten umgeben. Ganz links auf dem Rapert sitzt Wilhelm von Tegetthoff. Diese Aufnahme, die eine Rarität darstellt, wurde während der Übungseskader in den Gewässern von Sizilien oder Griechenland aufgenommen. Juni oder Juli 1855.

Triest, Erzherzog-Ferdinand-Max-Denkmal, Piazza Giuseppina. Rechts im Hintergrund befindet sich der Molo Giuseppina, an dem kleine Küstendampfer des Österreichischen Lloyd vertaut liegen. Das Denkmal wurde nach dem Ersten Weltkrieg demontiert und steht heute im Park von Schloß Miramar. Um 1880.

führt. Am 26. März 1856 erfolgte die Grundsteinlegung für die Marineakademie in Fiume, an der der Marineoffiziersnachwuchs bis zum Beginn des Ersten Weltkrieges ausgebildet wurde. Durch die Initiative des Erzherzogs wurde ein eigenes Schiffsbau-Ingenieurkorps aufgestellt und die Uniform des Marinepersonals in Schnitt und Form der der anderen großen Seemächte angeglichen.

Auf einer Reise nach Frankreich und Belgien in den Jahren 1856 und 1857 begegnete der Erzherzog zwei Menschen, die auf sein künftiges Leben großen Einfluß ausüben sollten: Napoleon III., Kaiser der Franzosen, und Charlotte, der Tochter des belgischen Königs Leopold I. Ferdinand Max heiratete Charlotte am 27. Juli 1857 in Brüssel, Napoleon hingegen gab den Anstoß für sein verhängnisvolles mexikanisches Abenteuer.

Im Dezember 1856 zum Vizeadmiral vorgerückt, wurde Ferdinand Max am 28. Februar 1857 zum Generalgouverneur Lombardo-Venetiens ernannt. Das Marineoberkommando behielt er bei, dessen Sitz wurde aber vorübergehend nach Mailand verlegt. Diese neue Aufgabe des Erzherzogs und die Kommandoverlegung gereichten der Marine nicht eben zum Vorteil.

Während des Krieges 1859 (mit Sardinien und Frankreich) wandte Ferdinand Max wieder seine ungeteilte Aufmerksamkeit der Flotte zu und ließ Venedig und die Ostküste der Adria in Verteidigungszustand bringen. Mit der von Lussinpiccolo (Mali Lošinj) aus operierenden französischen Flotte kam es zwar einigemale zum Gefecht, eine größere Seeschlacht fand aber nicht statt.

In diesem Zusammenhang verdient ein Husarenstück des österreichischen Handelskapitäns Zölestin Ivancich erwähnt zu werden: Der Kapitän befand sich mit seinem Segler „Eolo" auf dem Weg von Cardiff in England nach Fiume. Als Fracht war

Erzherzog Ferdinand Max als Marineoberkommandant. Photogravure der k. k. Hof- und Staatsdruckerei.

Pola, Policarpo-Park, Erzherzog-Ferdinand-Max-Denkmal. Dieses von dem Architekten Heinrich von Ferstel entworfene Denkmal befindet sich heute in Venedig. 1880.

englische Kohle geladen. Die zwölfköpfige Besatzung an Bord hatte keine Ahnung vom Ausbruch des Krieges. Am 15. Mai wurde die „Eolo" in der Nähe der dalmatinischen Küste von französischen Kriegsschiffen angehalten und dem verblüfften Ivancich erklärt, daß sein Segler als Prise aufgebracht sei. Mit einem französischen Prisenkommando besetzt, wurde die „Eolo" von der französischen Panzerfregatte „Impetueuse" in die Nähe von Venedig geschleppt, wo diese dann die Kohlenfracht der „Eolo" übernahm. Hier bekam Ivancich den Befehl, nachdem das Schlepptau gelöst worden war, sein Schiff nach dem französischen Kriegshafen Toulon zu bringen. Jetzt war der Zeitpunkt gekommen, wo der Kapitän seinen lange besprochenen und erwogenen Plan ausführen konnte. Am frühen Morgen des 13. Juni gelang es ihm, die Franzosen mit ihrem Prisenführer zu überwältigen, und noch am selben Abend lief die „Eolo" in den österreichischen Hafen Gravosa ein und lieferte die Gefangenen bei den Marinebehörden ab. Die Begeisterung über diese Leistung des Kapitäns und seiner Mannschaft war groß; er wurde aufgefordert, sich um die Rote Ehrenflagge zu bewerben. Der Kaiser hatte diese Auszeichnung, mit der eine besondere Leistung bei der Verteidigung des Schiffes gegen Seeräuber oder Feinde belohnt werden sollte, 1850 für Kapitäne der Handelsmarine gestiftet. Kapitän Ivancich erhielt in Triest nach Kriegsende diese Flagge und den Franz-Josephs-Orden aus den Händen des Erzherzogs Ferdinand Max, die Mannschaft wurde durch Geldbeträge belohnt.

Nach dem Friedensschluß im Herbst 1859 begab sich der Erzherzog, begleitet von Fregattenkapitän Tegetthoff, auf dem Raddampfer „Elisabeth" für einen längeren Aufenthalt nach Brasilien. An Bord des Dampfers „Elisabeth" schrieb Ferdinand Max im November 1859 das Gedicht „Meeressehnsucht",

Triest, Villa Necker. Der aus Dänemark stammende österreichische Marinekommandant Vizeadmiral Hans Birch von Dahlerup kaufte im Jahre 1850 diese Villa mit Grundstück von den Erben der Neckerschen Familie um 300.000 Gulden. In der Ära Maximilians war sie Sitz des Marineoberkommandos, während des Ersten Weltkrieges beherbergte sie das Seebezirkskommando. Die Villa ist erhalten und befindet sich in der heutigen Via dell'Universitá. 1870.

das seine Liebe und Sehnsucht zur See gut zum Ausdruck bringt:

„Hinaus in's weite blaue Meer,
Hinaus, wo Himmel nur und Welle,
Wo nie das Herz mir bang und schwer,
Zu Schiff, zu Schiff ist meine Stelle.

Entbunden der Palläste Haft,
Frei von des Schreibpult's Qual und Mühen,
Da hebt sich frei des Geistes Kraft,
Und der Begeist'rung Ströme glühen.

Hinaus auf's grenzenlose Feld,
Das ohne Pfad zum Glücke leitet,
Das junge Herz im Busen schwellt,
Die Blicke schärft, die Seele weitet.

Vom reinen Seewind rings umbraus't,
Vom Drang der Wellen froh geschaukelt,
Frisch wie die Luft, die singend saus't,
Vom Spiel der Poesie umgaukelt.

Hinaus in die geliebte See,
Hoch über'm Haupt die gold'ne Sonne;
Da heilt des Herzens Drang und Weh,
Da bringt der Sturm des Friedens Wonne."

Nach seiner Rückkehr Anfang April 1860 wurde die Reformarbeit wieder in Angriff genommen, ein eigenes Marinedienst-Reglement verfaßt, die kartographische Neuaufnahme der Küstengebiete der Adria begonnen (da es sich während des Krieges von 1859 gezeigt hatte, daß die Karten des venezianischen Küstengebietes ungenau waren). Außerdem erkannte der erzherzogliche Admiral die Notwendigkeit, eine zentrale Stelle für die Verwaltung und die Interessen der Marine zu gründen. Das gesamte Seewesen der Monarchie, die Kriegs- und Handelsmarine, sollte einer eigenen, unabhängigen Zentralstelle – einem Marineministerium – unterstellt werden. Tatsächlich gelang es im Jänner 1862, ein eigenes Marineministerium mit dem Sitz in

Raddampfer „Elisabeth" (1.570 t) vor Pola. In London am 15. Juli 1854 vom Stapel gelaufen. Auf diesem Raddampfer unternahm der Erzherzog mit seinem Adjutanten Fregattenkapitän Tegetthoff die Reise nach Brasilien (13. 11. 1859 – 6. 4. 1860). Teilnahme an der Schlacht bei Lissa, anschließend bis 1868 Stationsschiff in Mexiko. Um 1890.

Wien zu schaffen, das bis August 1865 amtierte. An Stelle des „Marineoberkommandos" trat wieder das „Marinekommando".

MIRAMAR

Dieser Name ist untrennbar mit der Person des Erzherzogs verbunden. Ihm verdanken wir den Bau eines der schönsten Schlösser an der Adria.

Während einer Seefahrt von Triest nach Monfalcone wurde Ferdinand Max einmal durch die Bora gezwungen, bei der Punta Grignano Schutz zu suchen. Von diesem Felsen mit seiner wunderschönen Umgebung und der Aussicht auf das Meer, das er so liebte, beeindruckt, beschloß er, an dieser Stelle ein Schloß zu bauen. Bald nach dem Erwerb des Baugrundes entstand nahe dem geplanten Hauptschloß ein Schlößchen, das Castelletto, welches dem Erzherzogspaar zunächst als Wohnsitz diente. Der Baubeginn für Miramar wird in der Literatur verschieden (entweder mit dem Jahre 1854 oder 1858) angegeben; am wahrscheinlichsten dürfte 1856 sein, da der Erzherzog im Dezember dieses Jahres seiner Verlobten Pläne und Zeichnungen des Schlosses vorlegte. Die Pläne stammten von Carl Junker, den Bau führte der Grazer Architekt Anton Hauser durch.

Von den vielen Legenden um die Namensgebung des Bauwerkes leuchten zwei Versionen besonders ein: Die eine besagt, der Erzherzog habe ein ähnliches Bauwerk in Spanien gesehen, das den Namen Miramar führte. Die zweite Version lautet, er habe bei diesem Anblick ausgerufen: „Mira il mare" (Bewundere das Meer!) Wie auch immer – Miramar zählt zu den schönsten Schlössern am Meer, mit seiner fast 22 Hektar großen Parkanlage, voll von wunderschönen exotischen Bäumen und Pflanzen.

Am Heiligen Abend des Jahres 1860 zog das Erzherzogspaar in das fertige Erdgeschoß des Schlosses ein. Leider war es dem Erzherzog nicht gegönnt,

Links: Schloß Miramar bei Triest. Nach Plänen von Carl Junker erbaut. Um 1900.

Links unten: Miramar, Blick auf den Schloßpark, der unter der Leitung des Hofgärtners Laube und dessen Nachfolgers Jelinek entstanden ist. Wegen seiner Größe und der Vielfalt der Pflanzenarten gehört er heute noch zu den schönsten Parkanlagen Norditaliens.

Rechts: Miramar, Novarazimmer. Dieser Raum ist eine Nachbildung der Kabine auf der Fregatte „Novara"; er war als Studier- und Arbeitszimmer Maximilians gedacht.

sein Bauwerk vollendet zu sehen, denn am 10. April 1864 gab Ferdinand Max einer mexikanischen Deputation die folgenschwere Zusage, die Krone Mexikos zu übernehmen. Napoleon III. hatte seine Absicht, in Mexiko ein Kaiserreich zu errichten und dem Erzherzog die Krone zu verschaffen, durchgesetzt.

In den folgenden Jahren setzte man den Bau des ersten und zweiten Stockwerkes fort, bis die Fertigstellung durch den Wiener Hofdekorateur La Vigne im Jahre 1871 erfolgte. Nach 1919 ging Schloß Miramar nach dem Friedensvertrag von Saint-Germain an den italienischen Staat über. Zuerst zum Museum bestimmt, wurde es im Jahre 1931 der offizielle Wohnsitz des Herzogs von Savoyen-Aosta. 1943–1954 wechselten die Uniformen der Bewohner rasch, da war das Schloß Sitz von Militärkommandos zuerst deutscher, dann neuseeländischer, englischer und amerikanischer Truppen. Seit dem 2. Juni 1955 steht das Schloß endgültig, als Museum, unter der Aufsicht des italienischen Staates.

MEXIKO

Mit der Annahme der mexikanischen Kaiserkrone legte der Erzherzog das Marinekommando zurück. Am 14. April 1864 ging er mit seiner Frau Charlotte, deren Ehrgeiz vielleicht bei seinem Entschluß mit entscheidend gewesen war, an Bord der Fregatte „Novara", um in die neue Heimat zu segeln. Am 28. Mai ankerte die „Novara" vor Vera Cruz in mexikanischen Gewässern, und am 7. Juli zog das Kaiserpaar in die Hauptstadt Mexikos ein.

Doch die politische Lage änderte sich, Napoleon III. zog seine Truppen zurück, in Nordamerika wurde der Bürgerkrieg zugunsten der Nordstaaten entschieden, die sich beeilten, jedes Eingreifen europäischer Staaten auf dem amerikanischen Kontinent zurückzuweisen. Der Führer der Republikaner Mexikos, Benito Juarez, der nunmehr mit der Hilfe der USA rechnen konnte und die französischen Truppen nicht mehr zu fürchten hatte, gewann die Oberhand. Vergeblich entsandte Maximilian seine Ge-

Ganz oben links: Kaiser Maximilian I. von Mexiko (1832/Schönbrunn — 19. 6. 1867/Querétaro, Mexiko). Nach einem Gemälde von Joaquin Ramirez.

Ganz oben rechts: Charlotte von Belgien, Maximilians Gattin.

Links: Querétaro, der Rock Kaiser Maximilians, durchlöchert von den Kugeln des Erschießungskommandos.

Oben: Eintrittskarte für den Besuch des Lloyddampfers „Trieste" anläßlich der Abreise des Erzherzogs Ferdinand Max.

Rechts oben: Querétaro, die letzten Augenblicke des Kaisers. 19. Juni 1867.

Rechts: Triest, nach Ankunft der Fregatte „Novara" mit der Leiche des Erzherzogs schießen die Kriegsschiffe den Trauersalut (21 Schuß) und führen die Flagge auf Halbtop. Eine historisch wertvolle Photographie des Triestiner Photographen Giuseppe Wulz. 16. Jänner 1868.

Wilhelm von Tegetthoff als
Konteradmiral. 1864.

mahlin nach Europa, um bei Napoleon weitere militärische Hilfe zu erwirken.

In der Nähe der Bergstadt Querétaro kam es zwischen den kaiserlichen und republikanischen Armeen zur Entscheidungsschlacht; Querétaro fiel durch Verrat, und Kaiser Maximilian wurde gefangengenommen.

Am 19. Juni 1867 wurde der Monarch, der mit den besten Absichten nach Mexiko gekommen war, zusammen mit zwein seiner Generale in Querétaro erschossen, nachdem er es abgelehnt hatte, seine letzten Getreuen zu verlassen, um sich durch eine rechtzeitige Flucht zu retten.

Erst fünf Monate später wurde Wilhelm von Tegetthoff, damals schon Vizeadmiral, als Bevollmächtigter der kaiserlichen Familie beauftragt, von der mexikanischen Regierung die Auslieferung des Leichnams Kaiser Maximilians zu erreichen, was Tegetthoff erst nach langwierigen Verhandlungen gelang, in denen es um die Anerkennung des neuen Regimes in Mexiko durch Österreich ging.

Die Fregatte „Novara", auf der Ferdinand Max seine Marinelaufbahn begonnen hatte, die ihn in das Land seines verhängnisvollen Kaisertraumes gebracht hatte, führte seinen Leichnam in die Heimat zurück. Nicht der irregeleitete, unglückliche Kaiser von Mexiko, sondern der tatkräftige Förderer der k. k. Kriegsmarine und ihr hervorragender Admiral war wieder zurückgekehrt, mit Hilfe Tegetthoffs, dessen Fähigkeiten der Dahingegangene erkannt und der sich nun als einer seiner Nachfolger für das Marinekommando profiliert hatte.

WILHELM VON TEGETTHOFF

Tegetthoffs Vorfahren stammten aus Westfalen und wurden von Kaiserin Maria Theresia 1765 in den Adelsstand erhoben. Am 23. Dezember 1827 kam der spätere Admiral in Marburg an der Drau als zweites Kind des Ehepaares Karl und Leopoldine Tegetthoff zur Welt. Hier besuchte er auch die unteren Klassen des Gymnasiums und begann mit Eifer das Studium der italienischen Sprache, um in das Marinekollegium, das „Collegio di Cadetti di Marina", wie es mit vollem Namen hieß, in Venedig eintreten zu können, da dort Italienisch Unterrichtssprache war. Am 1. Oktober 1840 trat er in dieses Institut ein. Zweifel über seine Berufswahl hatte es für ihn ohnehin nie gegeben. Der Geist dieser Anstalt sowie der der gesamten damaligen Marine war venezianisch, obwohl sich dieses Gebiet seit 1815 wieder bei Österreich befand.

Nach fünf Jahren emsiger Arbeit erreichte Tegetthoff 1845 sein Lehrziel mit guter Qualifikation; er wurde mit dem Range eines „effektiven Marinekadetten" ausgemustert. Mehrere Einschiffungen in der Adria und dem Mittelmeer brachten ihn bis nach Griechenland, zur Bekämpfung der Seeräuber, die dort ihr Unwesen trieben. Während seiner Dienstverwendung auf der Korvette „Adria" erhielt Tegetthoff am 27. Jänner 1848 seine Ernennung zum Fregattenfähnrich, und schon drei Monate später seine Beförderung zum Linienschiffsfähnrich. Das war das Jahr, in dem sich Venedig zur Republik ausrief. Im April 1849 verhängte die österreichische Marine die Blockade über den Hafen. Bei dieser Gelegenheit bestand Tegetthoff seine erste Feuertaufe; er hatte den Auftrag gehabt, einen gestrandeten österreichischen Kriegsdampfer flottzumachen.

Sein erstes selbständiges Kommando erhielt er am 13. April 1854 auf der Goelette „Elisabeth", einem kleinen Segelkriegsschiff. Erzherzog Ferdinand Max, der sehr bald die Fähigkeiten Tegetthoffs erkannte, vertraute ihm schon ein Jahr darauf die wichtige Aufgabe an, als Kommandant des Raddampfers „Taurus" an die Donaumündung bei Sulina abzugehen, um dort den österreichischen Handel vor Zwischenfällen und Gewaltakten zu schützen. Tegetthoff griff rasch durch und konnte durch sein energisches Auftreten den überhöhten Frachtlohnforderungen beim Umladen sowie den Diebstählen bei den Verladearbeiten ein Ende setzen. Auch einige Auseinandersetzungen um die Anerkennung seines kleinen Kriegsschiffes durch ein englisches Geschwader bestand er mit seinem „Ochsen", wie er den „Taurus" liebevoll nannte, und verschaffte der österreichischen Flagge gehörigen Respekt.

Heute ist vielfach schon in Vergessenheit geraten,

welch großen Anteil Österreich am Zustandekommen des Suezkanals hatte. Der österreichische Ingenieur Alois von Negrelli war der eigentliche Schöpfer des Planes für den Kanaldurchstich, den dann der französische Ingenieur Ferdinand Lesseps von 1859 bis 1869 durchführte. Noch vor dem Baubeginn des Kanals beauftragte Ferdinand Max im Jahre 1857 Tegetthoff, gleich den anderen Seefahrnationen auch für Österreich rund um das Rote Meer einen geeigneten Stützpunkt für die Handels- und Kriegsmarine ausfindig zu machen. Als Reisebegleiter für Tegetthoff wurde der württembergische Afrikaforscher Theodor von Heuglin vorgesehen. Die Erkundungsreise führte an die Küste Ägyptens und Arabiens, und nach einigen gut überstandenen Abenteuern, bei denen ein Überfall von arabischen Räubern gerade noch glimpflich ausging, fand Tegetthoff in der Insel Sokotra im Indischen Ozean den geeigneten Stützpunkt. Für den Betrag von nur 100.000 Talern hätte man diese für Österreich auf dem Wege nach Ostasien sehr wertvolle Flotten- und Kohlenstation von den Arabern erstehen können. Aber nein! — Eine Denkschrift wurde verfaßt — Sokotra wurde vergessen, und zwanzig Jahre später nahmen die Engländer die Insel in ihren Besitz.

Nach seiner Rückkehr von dieser Erkundungsreise übernahm Tegetthoff die Leitung der ersten Sektion des Marineoberkommandos und war in dieser Verwendung bei der Neuorganisation der Flotte maßgebend beteiligt.

1858 avancierte Tegetthoff zum Korvettenkapitän, ein Jahr später erhielt er das Angebot, den Marineoberkommandanten Erzherzog Max als Adjutant auf der Reise nach Brasilien zu begleiten. Die Reise ging auf dem Raddampfer „Elisabeth" nach Rio de Janeiro, wo der Erzherzog den brasilianischen Kaiser Dom Pedro II. traf und mit diesem eine Anzahl von Häfen besuchte. Nach der Rückkehr in die Heimat wurde Tegetthoff am 27. April 1860 zum Fregattenkapitän und Kommandanten der Fregatte „Radetzky" ernannt. Nach mehreren Kreuzungen in der Adria und dem Mittelmeer, die ihn bis an die Küsten Syriens brachten, wo es im Gefolge von Unruhen zu Übergriffen gegen Christen gekommen war, kehrte er ins Marineoberkommando zurück, wo er sich mit ganzer Kraft wieder seinen organisatorischen Aufgaben widmete. In Anerkennung seiner Leistungen erfolgte schon 1862 seine Ernennung zum Linienschiffskapitän.

Als Kommandant des Levantegeschwaders erhielt er am 23. April 1864 den Befehl, in die Nordsee nach Texel zu gehen, um die Blockade von Hamburg durch die Dänen zu brechen. Denn die Frage, ob Schleswig-Holstein zu Dänemark gehöre oder innerhalb des Deutschen Bundes als autonomes Herzogtum bestehen solle, hatte zu Beginn des Jahres 1864 den deutsch-dänischen Krieg ausgelöst. Zu Lande hatten in diesem Konflikt neben den Preußen die Österreicher unter Feldmarschalleutnant Ludwig von Gablenz siegreich gekämpft.

Am 4. Mai 1864 traf das vereinte österreichisch-preußische Geschwader, bestehend aus den österreichischen Fregatten „Schwarzenberg" und „Radetzky" und den preußischen Kanonenbooten „Blitz" und „Basilisk" sowie dem Avisodampfer „Preußischer Adler", in Cuxhaven an der Elbemündung ein. Einer, der dabei war, Seekadett Baron de Bianchi, schilderte das Gefecht so:

„Am 9. Mai zeitlich Früh befahl Tegetthoff, daß die Schiffe sich zum Heizen bereit halten sollen. Nachdem sie dampfklar waren, die Elbe aufwärts fuhren, wendeten und seewärts steuerten, sichteten um 12 Uhr die Tops der Takelage drei sich in Kiellinie bewegende Schiffe ('Niels Juel', ‚Jylland' und ‚Heimdal') am Horizont. Als diese uns beinahe gleichzeitig erblickten, wendeten auch sie den Kurs gegen uns. Mit großer Neugier wurden die an die anderen Schiffe gegebenen Signale abgelesen und als sie hießen ‚Unsere Armeen haben gesiegt, tun wir desgleichen' brach Jubel aus.

Der erste Schuß fiel um 2 Uhr und wurde mit dem vorderen Steuerbord 24-Pfünder auf die Distanz von 18 Kabel abgegeben. Nach diesem Schusse steckten alle aus Neugierde den Kopf bei den Stückpforten hinaus, wie beim Scheibenschießen. Jetzt verflog die jedem Menschen, der nicht, wie in den Romanen, schon als Held geboren ist, natürliche erste Bangigkeit; der Gedanke an jede mögliche Gefahr wurde übertäubt durch die dringend nötige Anspannung aller Willens-, Geistes- und Körperkräfte und ich muß sagen, nie habe ich beim Exerzieren die Geschütze so schnell laden und leider auch so schnell abfeuern gesehen wie damals.

Da unsere Hauptbestückung zumeist aus glatten 30-Pfündern bestand, welche eine nur geringe Schußweite hatten, die Dänen dagegen viel besser armiert waren, ging Tegetthoff dem Gegner rasch näher, um diesen Nachteil halbwegs auszugleichen. Unsere glatten Vorderlader mußten jedesmal Laden durch ein Takel aus der Stückpforte zurückgeholt werden, dann zuerst das in einem Wollsacke befindliche Pulver, darauf die damals noch ihrem Namen entsprechende ‚runde' gußeiserne Kanonenkugel eingeführt und, damit diese bei der nächsten Bewegung des Schiffes nicht gleich wieder herausrolle, ein Tauring derselben vorgelegt. Also dreimal mußte die Setzstange gebraucht werden. Dann mußte das Geschütz wieder vorgeholt, der Pulversack aufgestochen, der kapselartige Zünder aufgesetzt, mit Takeln und hölzernen Handspaken die Seitenrichtung, mit untergeschobenen hölzernen Keilen die Höhenrichtung gegeben werden, bis man endlich so weit war, den Schuß abfeuern zu können.

Bei unseren Holzschiffen gingen natürlich alle Treffer auch durch die Bordwand, welche nicht nur keinen Schutz bot, sondern deren mitgerissene Planken und Splitter wie neue Projektile wirkten, wenn nicht gar Granaten in derselben platzten. Eine solche explodierte 2 bis 3 Schritte in meiner Nähe. Ein riesiger Schlag warf mich zu Boden. Meine Füße waren intakt, ich hatte nur minimale Splitterchen in die Wade bekommen. Erst als der Qualm sich verzogen hatte, mußte ich konstatieren, daß 3 Mann bei diesem Geschütze schwer verwundet waren.

Einen anderen Moment möchte ich noch hervorheben. Ich stand bei meinen 4 Geschützen backbord nicht weit von der Luke, welche zum Heraufreichen der Munition diente, als ich Funken herauffliegen sah und in den unteren Räumen Unruhe bemerkte. Bald darauf eilte der Korridorkadett an mir vorüber, er rief ‚Bei der Pulverkammer brennt's' und lief weiter, um es dem Kommandanten zu melden. Einigermaßen mißtrauisch schaute ich auf die, doch zum Glück immer vereinzelter auffliegenden Fünkchen, von der erfolgten Löschung des Brandes lange nichts erfahrend. Dagegen regneten bald andere Funken, in immer reichlicherer Menge durch die obere Deckluke herab. Der Bauch des Vormarssegels hatte durch eine darin geplatzte Granate Feuer gefangen und trotzdem der in der Vormars seinen Gefechtsposten innehabende Offizier sein Möglichstes tat, um den beginnenden Brand zu löschen, konnten die geringen Hilfsmittel nicht mehr genügen, und überdies waren die Spritzen, welche so weit hinaufreichen hätten können, zerschossen. Der Brand des Mastes griff immer weiter um sich, da die Segel und geteerten Taue demselben reiche Nahrung boten, und als die herabfallenden Stücke sowie der über Deck getriebene Teerrauch die Bedienung der Deckgeschütze unmöglich machte und immer mehr Leute verwendet werden mußten, um das Weitergreifen des Brandes zu verhindern, entschloß sich um ¾ 4 Uhr Tegetthoff, dem Schiffe eine andere Fahrtrichtung zu geben. Wir waren darauf gefaßt, daß die Dänen diesen Vorteil ausnützen würden, aber auch sie mußten tüchtig zugerichtet gewesen sein, da sie beinahe gleichzeitig nordwärts wendeten und auf jede Verfolgung verzichteten. Wir waren durch 153 Schüsse in Rumpf und Takelage getroffen worden, hatten 3 Feuersbrünste an Bord und den Verlust mehr als ein Fünftels der Bemannung zu beklagen, auch die Dänen hatten schwer gelitten. Wir nahmen Kurs gegen das nahe Helgoland, ankerten aber nicht selbst, sondern blieben in leichter Fahrt begriffen, um den Qualm vom Schiffe wegtreiben zu lassen. Nachdem die Rahen herabgestürzt und die Vormarsstange das Deck durchschlagen hatte, brannte der aufrecht gebliebene Untermast weiter und leuchtete besonders nachts wie eine Riesenfackel, bis er um 11 Uhr endlich gekappt werden konnte.

Noch in derselben Nacht ankerten wir vor Cuxhaven. Morgens wurden unsere Verwundeten mittels des Dampfers ‚Adler' nach Altona geschafft und die Toten ans Land gebracht (...) Am 11. wurden die Opfer des Kampfes am Friedhofe des nahen Ortes Ritzebüttel beigesetzt.

Oben: Seegefecht bei Helgoland. Eine Photographie des Gemäldes von A. Melbye, das im Sitzungssaal des Rathauses von Helgoland heute noch zu besichtigen ist. Das Bild zeigt jenen Zeitpunkt des Gefechtes, als sich die Fregatte „Radetzky" zwischen die Linie der Dänen und der Fregatte „Schwarzenberg" (mit brennendem Fockmast) schiebt, um das feindliche Feuer auf sich zu lenken. 9. Mai 1864.

Unten links und Mitte: Kommodore Wilhelm von Tegetthoff und Feldmarschalleutnant Freiherr Ludwig von Gablenz. Die beiden erfolgreichen Kommandanten zu Wasser und zu Land im deutsch-dänischen Krieg von 1864.

Unten rechts: Seekadett Leonhard Baron Bianchi, Duca di Casalanza. Er nahm auf der Fregatte „Schwarzenberg" am Seegefecht bei Helgoland teil. 1864.

Rechte Seite oben: Fregatte „Schwarzenberg" als Schulschiff in Pola. Am 23. April 1853 in Venedig vom Stapel gelaufen, war sie bei Helgoland das Flaggenschiff Tegetthoffs. 1882.

Rechte Seite unten: Fregatte „Schwarzenberg". Konteradmiral Tegetthoff (auf Taurolle stehend, mit Säbel unter dem Arm) und sein Stab. 1864.

Der eingetroffene kaiserliche Gruß, sowie die Ernennung Tegetthoffs zum Kontre-Admiral, hoben unsere, durch die so außerordentlich empfindlichen Verluste tiefgedrückte Stimmung. Die Dänen hatten den Kampfplatz verlassen, ohne wieder an einen neuen Angriff zu denken, wodurch die Nordsee dem freien Verkehre und Handel, insbesondere von Hamburg und Bremen, wieder eröffnet worden ist."

Tegetthoff hatte einer stärkeren Flottenabteilung, die ihm artilleristisch und in der Tonnage überlegen war, die Zähne gezeigt. Nach der Beendigung der Feindseligkeiten wurde er nach Wien berufen, um an den Beratungen über die weitere Neuorganisation der Flotte teilzunehmen. Bei diesen Verhandlungen entwickelte der nunmehrige Konteradmiral seine Ideen einer vom Heer unabhängigen Marineoberleitung, stieß aber nur auf Ablehnung. So wurde er lieber wieder Eskaderkommandant im östlichen Mittelmeer und benützte einen längeren Aufenthalt in Alexandrien, um den in Bau befindlichen Kanal von Suez zu besuchen.

Zu Beginn des Jahres 1866 schien für Tegetthoff endlich der langersehnte Wunsch und Traum, als Führer einer großen Expedition Ostasien kennenzulernen, in Erfüllung zu gehen. Die projektierte Expedition nach Siam, China und Japan aber kam nicht mehr zustande, da die Gefahr eines neuen Krieges bevorstand; Tegetthoff war es bis zu seinem Lebensende nicht mehr gegönnt, nach Ostasien zu kommen.

Die Beziehungen zwischen Preußen und Österreich, vor zwei Jahren noch Verbündete, waren immer gespannter geworden. Es ging um die Vormachtstellung im Deutschen Bund und eine spätere Reichsgründung unter der Führung Preußens. Preußen hatte sich mit dem italienischen Königreich verbündet, wodurch Österreich zu einem Zweifrontenkrieg gezwungen war. Die Erfolgsaussichten der österreichischen Flotte waren sehr gering, deshalb wurde nicht Konteradmiral Poeckh das Kommando übergeben, was ihm rangmäßig zugestanden wäre, sondern Tegetthoff. Dieser entfaltete sofort eine fieberhafte Tätigkeit, um die Flotte für die zu erwartende Auseinandersetzung mit Italien schlagkräftig zu machen.

Die Italiener waren den Österreichern weit überlegen. Sie besaßen mehr Schiffe, ihre Marschgeschwindigkeit war höher, und außerdem verfügten sie über modernere und weitertragende Geschütze. Für Tegetthoff hingegen gab es Probleme über Probleme; die bei der preußischen Firma Krupp bestellten und nicht mehr gelieferten Geschütze mußten durch alte, glatte ersetzt werden, die Holzschiffe ließ er notdürftig mit Ankerketten und Eisenbahnschienen panzern. Zu allem Überdruß mußte er mit den Wiener Zentralstellen um jedes Stück Kohle feilschen. Kein Admiral in der Seekriegsgeschichte hatte je in so kurzer Zeit und mit so vielen Widerständen seine Flotte kampfbereit gemacht, wie Tegetthoff.

Am 23. Juni 1866 konnte Tegetthoff auf der Reede von Fasana, nördlich von Pola, eine Flotte von sechs Panzerschiffen, vier Fregatten, einer Korvette, sieben Kanonenbooten und fünf Raddampfern versammeln, gerüstet für den Weg nach Lissa. Tegetthoffs Taktik bestand darin, den Nahkampf zu suchen und, wenn nötig, den Gegner zu rammen.

Am 17. Juli erschien die italienische Flotte unter dem Kommando von Admiral Graf Carlo Persano vor Lissa, um die Insel in Besitz zu nehmen. Die nächsten Tage brachten ein ungleiches Artillerieduell zwischen den österreichischen Befestigungswerken auf der Insel und der überlegenen italienischen Flotte. Die Landungsversuche der Italiener wurden abgeschlagen. Tegetthoff, der zunächst der Ansicht war, der Angriff auf Lissa sei nur ein italienischer Scheinangriff, erhielt den Befehl, mit der Flotte zum Entsatz von Lissa auszulaufen.

Den Tag der Seeschlacht von Lissa, den 20. Juli 1866, schilderte Tegetthoff in einem Bericht an den Generaladjutanten des Kaisers, Feldmarschalleutnant Crenneville, so:

„Präs Nr. 241

Reede von Fasana, am 23. Juli 1866

Morgens den 20. Juli gegen 7 h meldeten die Ausluger mehrere Dampfer in Sicht, doch bald darauf entzog eine Regenböe aus SW selbe wieder dem Blick.

Vergleichende Übersicht

der an der Seeschlacht bei Lissa am 20. Juli 1866 beteiligten Flotten

---

Kaiserlich-königliche österreichische Flotte
Eskaderkommandant: Konteradmiral Wilhelm von Tegetthoff
Flaggenschiff: „Erzherzog Ferdinand Max"

Gattung der Schiffe	Namen der Schiffe	Deplacement/t	Anzahl der Geschütze	Bemannung
	I. Division			
Panzerfregatte	Ehz. Ferdinand Max	5.130	18	489
Panzerfregatte	Habsburg	5.130	18	478
Panzerfregatte	Kaiser Max	3.588	30	386
Panzerfregatte	Prinz Eugen	3.588	30	386
Panzerfregatte	Don Juan d'Austria	3.588	28	386
Panzerfregatte	Drache	3.065	26	343
Panzerfregatte	Salamander	3.065	26	343
Raddampfer	Elisabeth	1.570	6	166
	II. Division			
Linienschiff	Kaiser	5.194	92	904
Fregatte	Novara	2.497	51	538
Fregatte	Schwarzenberg	2.514	46	547
Fregatte	Radetzky	2.198	31	398
Fregatte	Adria	2.198	31	398
Fregatte	Donau	2.198	31	398
Korvette	Ehz. Friedrich	1.474	22	294
Raddampfer	Greif	1.260	2	102
Lloyd-Dampfer	Stadium	1.400	—	33
	III. Division			
Kanonenboot	Hum	869	4	139
Kanonenboot	Dalmat	869	4	139
Kanonenboot	Wall	852	4	139
Kanonenboot	Velebich	869	4	139
Kanonenboot	Reka	852	4	139
Kanonenboot	Seehund	852	4	139
Kanonenboot	Streiter	852	4	139
Schraubenschooner	Narenta	501	6	100
Schraubenschooner	Kerka	501	6	100
Raddampfer	Andreas Hofer	770	4	109
Summe:	27 Schiffe	57.344	532	7.871

Königlich italienische Flotte
Höchstkommandierender: Admiral Conte di Persano
Flaggenschiff: „Re d'Italia"

Gattung der Schiffe	Namen der Schiffe	Deplacement/t	Anzahl der Geschütze	Bemannung
Panzerfregatte	Re d'Italia	5.700	36	600
Panzerfregatte	Re di Portogallo	5.700	28	550
Panzerfregatte	Ancona	4.250	27	484
Panzerfregatte	Maria Pia	4.250	26	484
Panzerfregatte	Castelfidardo	4.250	27	484
Panzerfregatte	San Martino	4.250	26	484
Panzergregatte	Principe di Carignano	4.086	22	440
Turmschiff	Affondatore	4.070	2	290
Panzerkorvette	Terribile	2.700	20	356
Panzerkorvette	Formidabile	2.700	20	356
Panzerkanonenboot	Palestro	2.000	5	250
Panzerkanonenboot	Varese	2.000	4	250
Schraubenfregatte	Duca di Genova	3.515	50	580
Schraubenfregatte	Carlo Alberto	3.200	50	580
Schraubenfregatte	Vittorio Emanuele	3.415	50	580
Schraubenfregatte	Garibaldi	3.680	54	580
Schraubenfregatte	Principe Umberto	3.501	50	580
Schraubenfregatte	Gaeta	3.980	54	580
Schraubenfregatte	Maria Adelaide	3.459	32	550
Schraubenkorvette	San Giovanni	1.780	20	345
Radkorvette	Governolo	1.700	10	260
Radkorvette	Guiscardo	1.400	6	190
Radkorvette	Ettore Fieramosca	1.400	6	190
Kanonenboot	Montebello	262	4	63
Kanonenboot	Vinzaglio	262	4	63
Kanonenboot	Confienza	262	4	63
Raddampfer	Messaggiero	1.000	2	108
Raddampfer	Esploratore	1.000	2	108
Raddampfer	Giglio	250	-	26
Raddampfer	Flavio Gioja	2.000	-	108
Raddampfer	Stella d'Italia	2.000	-	108
Raddampfer	Indipendenza	600	2	98
Schraubendampfer	Washington	1.400	2	98
Summe:	33 Schiffe	86.022	645	10.886

Linienschiff „Kaiser" (5.194 t), Reede von San Giorgio. Der „Kaiser" lief am 5. Oktober 1858 in Pola vom Stapel. Die Aufnahme zeigt die behelfsmäßige Reparatur nach der Schlacht. 20. Juli 1866.

Bei allmählicher Annäherung gegen Lissa, welches gegen See aus südlicher Richtung Deckung gibt, und nachdem auch die Brise nach NW umgesetzt hatte, nahm der Wellengang nach und nach ab und gegen 10 h hellte sich der Himmel wieder auf. Man gewahrte auch sofort den Feind unter Lissa, in zwei Gruppen getrennt, welche wie es schien, sich zu vereinigen suchten.

Nicht lange dauerte es, so entwickelte sich die feindliche Flotte in Kielwasserlinie Curs beiläufig NNO und zwar ihre mächtige Panzerdivision an der Spitze.

Die Annäherung geschah daher sehr schnell und es blieb nicht mehr Zeit das bereits vorbereitete Signal ‚Muß Sieg von Lissa werden' an die Escadre zu machen, sondern ich beeilte mich jene Dispositionen zu treffen, die ich als nöthig erachtete.

Die Aufstellung der österreichischen Escadre war folgende: Nach der Gattung der Schiffe waren selbe in 3 Divisionen getheilt, nämlich die Division der Panzerschiffe, jene der schweren und endlich die der leichten Holzschiffe. Diese Divisionen waren, die Panzerdivision an der Spitze, hintereinander im Kielwasser, jede einzelne im vorspringenden Winkel formiert. Ich ließ sofort die Division- und Schiffsdistanzen schließen, die Schiffe in Gefechtsbereitschaft setzen und die Fahrt derselben erhöhen. An die Panzerdivision gab ich den Befehl ‚Den Feind anlaufen, um ihn zum Sinken zu bringen'.

Die feindliche Linie kreuzte indessen vor der Cursli-nie der Escadre und der Führer derselben das Panzerschiff ‚Principe di Carignano', mit Contre-Admiral Vacca an Bord eröffnete der Erste ein nicht sehr wirksames Feuer, welches alsbald von den nächsten österreichischen Schiffen erwidert und in Kürze allgemein wurde. Bald hierauf ward die Linie der Sarden durch die österreichische Panzerdivision durchbrochen. Es begann sich ein allgemeiner Kampf zu entwickeln. Die Schiffe der feindlichen Panzerkolonne, welche hinter dem Punkte lagen, wo durchbrochen worden war, fielen nordwärts ab; hiedurch waren die eigenen Holzdivisionen bedroht und ich ließ demnach die Panzerdivision ebenfalls wenden, um den Holzschiffen Luft zu machen und die vom Gros getrennten feindlichen Panzerschiffe ins Kreuzfeuer zu bringen.

Die Holzdivisionen verfolgten indessen ihren Weg und brachen sich Bahn durch die feindlichen Panzerschiffe, wobei sie – Fregatten wie Kanonenboote – mannigfache Gelegenheit fanden, sich mit den gegnerischen Panzerschiffen zu messen.

Das Linienschiff ‚Kaiser', Flaggenschiff der zweiten Division Commodore Petz, ward hiebei von vier Panzerschiffen gleichzeitig engagiert. Commodore Petz besann sich nicht lange, rannte in einen dieser Panzerschiffe. Im Momente des Anlaufs stürzte der Fockmast, zertrümmerte den Schornstein der Maschine, und richtete mannigfache Verheerung auf Deck an. Durch dieses tapfere Benehmen gewann aber der Commodore für sich und seine Division

Lissa, 20. Juli 1866. Gemälde von J. C. Berthold Püttner. Das Bild zeigt den Untergang des italienischen Panzerschiffes „Rè d'Italia" nach dem Rammstoß der Panzerfregatte „Erzherzog Ferdinand Max".

Oben: der Hafen von San Giorgio auf der Insel Lissa (Vis). Hier versammelte Tegetthoff nach der Schlacht seine Flotte, um die Verwundeten und Toten auszuschiffen. Auf dem Foto ist links die Halbinsel Prirovo mit dem Kloster San Girolamo sichtbar, in dessen Garten 1867, am ersten Jahrestag der Schlacht, der Löwe von Lissa aufgestellt wurde.
Links: der Löwe von Lissa. Das Denkmal zur Erinnerung an die Schlacht und die Gefallenen befindet sich jetzt in der italienischen Marineakademie in Livorno.

Rechte Seite oben: Panzerfregatte „Drache". Stab und Mannschaft an der Bahre des bei Lissa gefallenen Kommandanten, Linienschiffskapitän Heinrich von Moll. Unter den Trauernden befindet sich der später so erfolgreiche Polarforscher, Linienschiffsfähnrich Carl Weyprecht (Nummer 4). 1866.
Rechts: Linienschiffskapitän Heinrich von Moll.
Rechts außen: Vizeadmiral Wilhelm von Tegetthoff in seinem letzten Lebensjahr. 1871.

den Weg durch die feindliche Übermacht. Das Melée ward stets allgemeiner und es ist schwer in dessen Einzelheiten einzugehen, da sich die Schiffe mit ganzer Kraft fahrend stets kreuzten und es oftmals schwer war, Freund von Feind zu unterscheiden, obwohl beiderseits die kleine Flaggengalla gehißt war. Ein glücklicher Zufall war es, daß die sardischen Panzer durchgehends grau gestrichen waren. Nur die Division der feindlichen Holzschiffe lag ziemlich geordnet unter der Küste von Lissa in nordwestlicher Richtung steuernd und sendete gelegentlich den passierenden k. k. Schiffen ihre Breitseiten zu. Bei dieser allgemeinen Jagd gelang es dem Geschicke und der Bravour des Commandanten meines Flaggenschiffes Linienschiffs-Capitäns Max Baron von Sternek im Zeitraume einer halben Stunde drei sardische Panzerschiffe anzulaufen, zwei wurden schwer beschädigt, das dritte, der ‚Re d'Italia', eines der größten der italienischen Flotte, ward in den Grund gebohrt und versank binnen zwei Minuten mit einer Bemannung von mehr als 600 Mann. Jeder Versuch die schwimmende Mannschaft des ‚Re d'Italia' zu retten, mußte leider aufgegeben werden, denn ein Angriff von allen Seiten forderte dringend das Augenmerk auf die eigene Sicherheit zu richten.

Während dieses beiderseitigen Ringens ward ein sardisches Panzerschiff in Brand geschossen worden. Die sardische Flotte hatte sich indess in beiläufiger Entfernung von 3—4 Meilen in Kielwasserlinie gesammelt und steuerte derart um das in Brand befindliche Panzerschiff aufzunehmen.

Nach einigen wechselseitigen Schüssen, wendete die italienische Flotte in westlicher Richtung und somit erreichte das Gefecht ein Ende, nachdem es von 10 ¾ Uhr V.M. bis 2 Uhr N.M. gedauert hatte.

Mein Zweck war hiemit erfüllt und Lissa vom Feinde entsetzt. Um 2 Uhr 30 Minuten sah man das früher erwähnte in Brand geschossene Panzerschiff durch Explosion den Untergang finden (‚Palestro'). Eine Verfolgung unterließ ich weil selbe resultatlos geblieben wäre, nahm daher Curs nach dem Hafen San Giorgio von Lissa.

Der nächstfolgende Tag wurde auch demgemäß dazu benützt die Schiffe zu untersuchen und kleine Reparaturen zu bewerkstelligen. Die Schwerverwundeten wurden ausgeschifft und die transportablen derselben mit dem Dampfer ‚Venezia' nach Spalato und Zara entsandt; die Gefallenen wurden mit den militärischen Ehren zur Erde bestattet."

Nach dem Waffenstillstand schloß Österreich am 23. August zu Prag den Frieden mit Preußen und am 3. Oktober zu Wien den Frieden mit Italien. Obwohl bei Custoza und Lissa siegreich, bestimmte die Niederlage bei Königgrätz in Böhmen die Friedensverhandlungen. Österreich mußte die Auflösung des Deutschen Bundes anerkennen und die Stadt Venedig und ganz Venetien an Italien abtreten.

Tegetthoff wurde zum Vizeadmiral ernannt und erhielt das Kommandeurkreuz des Maria-Theresien-Ordens. Seine Hoffnung, sich nunmehr ganz dem Aufbau der Flotte widmen zu können, erfüllte sich nicht. Stattdessen wurde er im folgenden Jahr (ganz gegen seinen Willen) auf Auslandsreisen nach England, Frankreich und Nordamerika geschickt, um die maritimen Einrichtungen dieser Staaten studieren zu können. Die Nachricht von der Hinrichtung Maximilians von Mexiko erreichte ihn im Ausland. Man übertrug ihm die traurige und heikle Mission der Rückführung, die er mit großem Geschick erledigte.

Trotz des Widerstandes vieler Neider und Intriganten ernannte der Kaiser Tegetthof am 1. März 1868 zum Marinekommandanten und Chef der Marinesektion. In den restlichen drei Jahren, die ihm noch gegönnt waren, versuchte er, den Neuaufbau der österreichischen Kriegsmarine durchzuführen. Jetzt zeigte der Admiral auch sein großes organisatorisches Talent. Er schuf eine neue Gliederung der Marinesektion, verbesserte die Ausbildung der Offiziere, Unteroffiziere und Mannschaften. Aber besonders am Herzen lag ihm das Flottenbauprogramm.

Seine letzte längere Seereise unternahm Tegetthoff aus Anlaß der Fertigstellung des Suezkanals, zu der ihn Kaiser Franz Joseph eingeladen hatte. Die Reise ging per Bahn nach Varna und von dort auf der kaiserlichen Yacht „Greif" durch die Dardanellen nach

Raddampferyacht „Greif" (1.260 t). Ursprünglich in England für den Österreichischen Lloyd als Raddampfer „Jupiter" gebaut. 1860 wurde er von der k. k. Kriegsmarine als „Greif" gekauft und stand bis 1884 als kaiserliche Yacht in Verwendung. An Bord dieser Yacht besuchte Kaiser Franz Joseph I. mit seiner Begleitung im Jahre 1869 das Heilige Land und die Feierlichkeiten zur Eröffnung des Suezkanals.

Jaffa. Am 8. November 1869 betrat der Kaiser mit seiner Begleitung das Heilige Land. Nach dem Besuch der heiligen Stätten erfolgte in Jaffa unter durch die schwere See schwierigen Bedingungen die Einschiffung auf die Yacht „Greif". Die Eröffnung des Suezkanals fand am 16. November statt; der Kaiser mit seiner Begleitung wohnte an Bord seiner Yacht dieser Feier bei. Im Dezember dieses Jahres kehrte Tegetthoff wieder nach Triest zurück. Die Orientreise mit dem Kaiser war ein letzter Lichtblick in seinem Leben gewesen. Doch bald verbitterte und zermürbte ihn der oft nutzlose Kampf um den Ausbau der Flotte.

Obwohl er sich krank fühlte, folgte er am 2. April 1871 einer Einladung der Fürstin Schwarzenberg. Mit hohem Fieber kam er nach Hause. Eine Lungenentzündung fesselte ihn ans Bett; in seinen Fieberträumen kam die Sorge um das Marinebudget noch einmal zum Ausdruck. Um 7 Uhr früh am 7. April 1871, einem Karfreitag, starb der Admiral mit den Worten: „Nun legen wir uns nieder, um zu schlafen, und stehen nicht mehr auf!"

Der Leichnam Tegetthoffs wurde am 10. April mit allen militärischen Ehren auf dem Matzleinsdorfer Friedhof bei Wien beigesetzt. Am 31. Oktober 1872 überführte man ihn auf den St. Leonhardsfriedhof in Graz, zu seiner endgültigen Ruhestätte.

Tegetthoff hatte die Marine mit seiner ganzen Leidenschaft geliebt. Sein Leben lang hatte er gegen die Wiener Zentralstellen und nach dem Ausgleich sogar gegen zwei Parlamente zu kämpfen, um das Marinebudget durchzusetzen. Zu Recht schrieb der österreichische Historiker Heinrich Friedjung 1915: „Weder der Sieg, noch der Undank, den er bald darauf erfuhr, vermochten einen Zug seines aus einem Gusse geformten Charakters zu verrücken.

Man wird seiner gedenken, solange Menschen die See befahren und sich die Herrschaft über sie streitig machen werden. Wie ihn der Bildhauer am Eingang des Praters zu Wien in Erz hinstellte, entschlossen und kaltblütig die Schlacht überblickend, so lebt er in der Erinnerung kommender Geschlechter."

Pola, Marinemuseum, Tegetthoff-Vitrine. Diese Aufnahme stammt aus der Zeit vor dem Ersten Weltkrieg. Leider sind die meisten dieser Erinnerungsstücke schon in der Zwischenkriegszeit, während des Zweiten Weltkrieges und in den Wirren danach verloren gegangen. Heute kann man nur mehr einen geringen Teil von ihnen im Heeresgeschichtlichen Museum in Wien bewundern.

Rechts: Pola, Monte Zaro. Der Blick vom Hydrographischen Amt über das Tegetthoffdenkmal, auf das Arsenal und die Oliveninsel mit ihren Hellingen. Dieses Denkmal wurde in der Zwischenkriegszeit nach Graz gebracht und dort aufgestellt, wo es sich noch befindet. Um 1890.

IM DIENSTE DER WISSENSCHAFT
Meeresvermessungen, Expeditionen, Missionsreisen und die Marineakademie

Kaum eine andere Marine hat mit so bescheidenen Mitteln so viel für Forschung und Wissenschaft geleistet wie die Kriegsmarine Österreich-Ungarns; dies soll am Anfang dieses Kapitels einmal festgestellt werden.

Da für die Sicherheit der Schiffahrt verläßliche Seekarten und Segelhandbücher notwendig sind, forcierte die oberste Leitung der Kriegsmarine in Zusammenarbeit mit dem Handelsministerium die KÜSTENAUFNAHME und MEERESVERMESSUNG des Adriatischen Meeres. Die Ausführung dieser Aufgabe übertrugen die beiden Dienststellen im Jahre 1859 dem Linienschiffsleutnant Tobias von Österreicher. Zunächst wurde im Laufe von vier Sommermonaten die Küstenstrecke von der Po-Mündung (der damaligen österreichischen Staatsgrenze) bis zur Piave-Mündung, einschließlich des ganzen Lagunengebietes von Venedig, sondiert, vermessen und mappiert. Dazu verwendete man den Dampfer „Alnoch" und zwei Bragozzi (Segler). Die Farbkarte dieser Küstenaufnahme war der erste hydrographische Versuch der k. k. Kriegsmarine auf diesem Gebiet. Diese und die folgenden Meeresvermessungen und Küstenaufnahmen bildeten dann die Grundlage für die Seekarten der Kriegsmarine, wie sie, von Korrekturen und Ergänzungen abgesehen, bis zum Ende des Ersten Weltkrieges verwendet und von den Nachfolgestaaten übernommen wurden.

Auf Grund einer Allerhöchsten Entschließung vom 24. Februar 1866 begann die Kriegsmarine unter der erfahrenen Leitung von Fregattenkapitän Österreicher, die Ostküste des Adriatischen Meeres neu aufzunehmen. Als Aufnahmeschiff wurde der Dampfer „Fiume", nebst einem Dampfkutter und einem Bragozzo, bestimmt. Zunächst vermaß das Team nur den Kanal von Fasana (Fazana). Nach einer kurzen Pause, bedingt durch den Krieg von 1866, wurden die Arbeiten wieder aufgenommen und ohne Unterbrechung bis Ende Oktober 1870 fortgesetzt. Zur Ausführung dieser Aufnahmearbeiten wurden außer den zusätzlich eingeschifften Seeoffizieren auch Heeresoffiziere, speziell für die Mappierungsarbeiten, herangezogen. In den Jahren 1866 und 1867 nahmen sie die Küste Istriens von Triest bis Buccari (Bakar) und Teile der Inseln Cherso (Cres) und Veglia (Krk) auf. Für die Arbeiten des Jahres 1868 erweiterte die Kriegsmarine sogar den Schiffspark und das Personal (wegen des größeren Programmumfanges). Zu dem schon verwendeten Dampfer „Triest" kamen zusätzlich der Dampfer „Gorzkowski" und eine Dampfbarkasse. Bei diesen Arbeiten nahm die Gruppe sämtliche Inseln des Quarnero und Quarnerolo sowie die Küste von Zara (Zadar) bis Sebenico (Šibenik) auf.

Statt des Dampfers „Gorzkowski" wurde für die dritte Arbeitsperiode, die Aufnahmearbeiten des Jahres 1869, wieder der Dampfer „Alnoch" eingesetzt. Das Programm dieser Periode umfaßte die Vermessung aller Inseln Dalmatiens bis Korčula und die des Kanals von Morlacca (Vinodolski).

Die Aufgaben des letzten Arbeitsjahres (1870) umfaßten die Vermessung und Aufnahme der dalmatinisch-albanischen Küste vom Kanal von Sabbioncello (Peljeski) bis nach Cap Kiephali (Kep i. Kefali). Dafür wurden der Dampfer „Triest", der Dampfer „Gorzkowski", ein Dampfkutter und eine Dampfbarkasse sowie der Dampfer „Alnoch", der dann wegen einer Kessel- und Maschinenreparatur durch den Dampfer „Thurn und Taxis" ersetzt werden mußte, verwendet.

Diese Arbeiten vollendeten nach vier Jahren, in denen jährlich die sechs Sommermonate für Außenarbeiten und die Wintermonate der Zusammenstellung und Ausrechnung gewidmet waren, die gesamte Aufnahme der Adria-Ostküste. Das Resultat bildeten 167 Mappierungssektionen, 137 hydrographische Blätter und 40 Hafenpläne. Diese und die Unterlagen der königlich-italienischen Kriegsmarine von der italienischen Küste bildeten die Basis für die vom Hydrographischen Amte der k. (u.) k. Kriegsmarine herausgegebenen Seekarten und des Segelhandbuches der Adria.

Nach diesen Küstenaufnahmen der sechziger Jahre

Ganz oben: Raddampfer „Fiume" (403 t) vor Venedig. 1853 in Triest als Dampfer „Roma" vom Stapel gelaufen. Im Kriegsjahr 1859 hat die k. k. Kriegsmarine den Dampfer vom Österreichischen Lloyd gechartert, 1860 als „Fiume" angekauft und in Dienst gestellt. Um 1866.

Oben: Raddampfer „Thurn-Taxis" (170 t). Im Jahre 1861 in Venedig vom Stapel gelaufen. 1880.

des vorigen Jahrhunderts im Adriatischen Meer erfolgte in den Jahren 1907, 1908 und 1909 eine Neuaufnahme des Küstengebietes von Mitteldalmatien. Der Grund für diese Neuaufnahme war die Zunahme der Schiffahrt im Inselgebiet und der größere Tiefgang der modernen Kriegsschiffbauten. Die Leitung der gesamten Küstenaufnahmearbeiten in Zusammenarbeit mit dem Militärgeographischen Institut übernahm Linienschiffsleutnant Artur Catinelli Edler von Obradich-Bevilacqua. Als Vermessungsschiffe stellte die Kriegsmarine die Schiffe „Najade", „Dromedar" und „Trabant" zur Verfügung. Die Arbeiten begannen am 1. Mai 1907 und konnten am 9. September 1909 erfolgreich abgeschlossen werden.

Für Meeresvermessungen außerhalb der Adria wurde im August 1890 der Transportdampfer „Pola" der Kriegsmarine bestimmt. Auf Anregung der Kaiserlichen Akademie der Wissenschaften in Wien wurde dieses Schiff in Dienst gestellt, um im Jonischen Meer und östlichen Mittelmeer Tiefseelotungen und geologische, physikalische und meteorolo-

gische Forschungen durchzuführen. Die Arbeiten erfolgten nur in den Sommermonaten und dauerten bis in das Jahr 1894.

Am 28. Juli 1891 gelang diesem Team der „Pola" ein einmaliger wissenschaftlicher Erfolg: 40 Seemeilen südwestlich von Kap Matapan (21°45'8" östlicher Länge und 35°44'8" nördlicher Breite) wurde die größte Tiefe des Mittelmeeres gelotet — 4404 Meter! Nach dem Namen des Schiffes, dem diese Entdeckung gelungen war, und auf Beschluß der Kaiserlichen Akademie der Wissenschaften im Einvernehmen mit der Marinesektion führt diese Stelle noch heute die Bezeichnung „Pola-Tiefe".

Bereits ein Jahr später, 1895, wurde der Dampfer „Pola" erneut für Vermessungs- und Forschungsaufgaben herangezogen, wieder auf Anregung der Akademie der Wissenschaften. Hauptaufgabe dieser Reise war die wissenschaftliche Untersuchung der Gewässer des Roten Meeres (nautische, meteorologische und hygienische Verhältnisse) und die Durchführung astronomischer Zeit- und Ortsbestimmungen sowie von Schwere- und Magnetmessungen. Die Ausrüstung der „Pola" erfolgte am 1. Oktober 1895, zum Kommandanten wurde Linienschiffskapitän Paul Edler von Pott ernannt. Neben dem Schiffsstab und den Wissenschaftlern unter der Leitung von Dr. Franz Steindacher befanden sich noch zwei kaiserlich-türkische Seeoffiziere an Bord, die die Interessen der türkischen Regierung zu vertreten und den Verkehr mit den sowie die Unterstützung durch die Lokalbehörden zu besorgen hatten. Nachdem das Schiff für diese Forschungsreise mit zusätzlichen Räumen, wie einem zweiten Lebensmitteldepot, einem Instrumentendepot und einer Kühlkammer, ausgestattet worden war, verließ es am 6. Oktober 1895 Pola in Richtung Jidda, wo es nach der Passage durch den Suezkanal am 2. November ankam. Von diesem Hafen aus wurde in fünf Kreuzungen die nördliche Hälfte des Roten Meeres vermessen und das übrige Forschungsprogramm durchgeführt. Am 18. Mai 1896 kehrte S. M. S. „Pola" nach beendeter Arbeit wieder in den Hauptkriegshafen zurück.

Die Vermessung und Durchführung des Forschungsprogrammes der südlichen Hälfte des Roten Meeres erfolgte durch die „Pola" und durch das gleiche Team von September 1897 bis März 1898. Am 4. September verließ der Transportdampfer den Zentralhafen Pola, um am 28. September in Mahommed Ghul, gegenüber von Jidda, vor Anker zu gehen. In fünf Kreuzungen erfolgten die Aufnahme und Vermessung der südlichen Hälfte des Roten Meeres und die Bewältigung der übrigen wissenschaftlichen Arbeiten. Am 24. März 1898 lief S. M. S. „Pola" nach dem erfolgreich durchgeführten Programm wieder in Pola ein.

Unter den EXPEDITIONEN österreichischer Schiffe muß die Erdumseglung durch die Fregatte „Novara" (1857–1859) an erster Stelle genannt werden. Zwei weitblickende Männer gaben die Anregung zu diesem großartig geplanten Unternehmen: Marineoberkommandant Erzherzog Ferdinand Max und der damalige Finanzminister Karl Freiherr von Bruck. Selbst der große Naturwissenschaftler Alexander von Humboldt zollte diesem Vorhaben höchste Anerkennung und Bewunderung und stand dem Erz-

Links oben: Raddampfer „Triest" (979 t) vor Pola. 1851 in Triest als Dampfer „Egitto" vom Stapel gelaufen. Im Jahre 1859 hat die k. k. Kriegsmarine den Dampfer vom Österreichischen Lloyd gechartert, 1860 als „Triest" angekauft und in Dienst gestellt. 1880.

Ganz oben: Schraubentransporter „Pola" (910 t) in Pola. Im Jahre 1870 in Pola vom Stapel gelaufen. 1898.

Unten links: Korvettenkapitän Tobias von Österreicher (1831/Diesling in Mähren — 27. 8. 1893/Wien). Er war maßgeblich an der Erstellung der Seekarten der Adria beteiligt.

Unten rechts: Konteradmiral Paul Edler von Pott (23. 9. 1842/Oldenburg — 18. 1. 1903/Pola). Kommandant des Dampfers „Pola" während der Vermessungen des Roten Meeres.

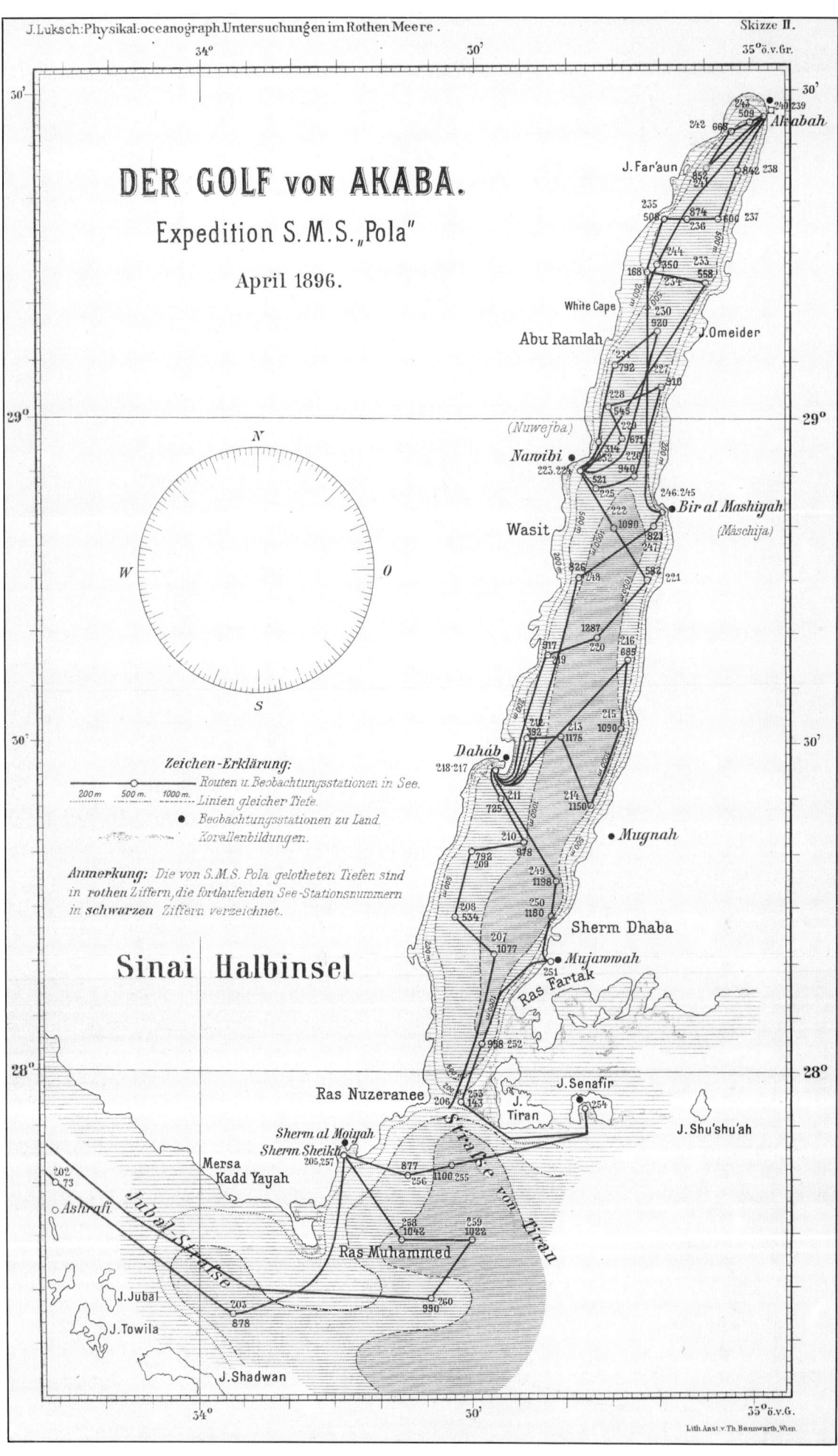

Oben: S. M. S. „Pola".
Kommandant
Linienschiffskapitän Paul
Edler von Pott mit seinem
Stab und Wissenschaftern
(4. 9. 1897 — 24. 3. 1898).
1897.

Links: Karte des Golfs von
Akaba. April 1896.
Rechts: S. M. S. „Pola".
Einschiffung von
Lebendproviant. 1895/96.

herzog mit wissenschaftlichem Rat zur Seite. Leider erlebte Humboldt die glückliche Heimkehr der Expedition nicht mehr, und so blieb es ihm auch versagt, die wissenschaftliche Ausbeute zu bewundern. Alle wissenschaftlichen Institutionen Österreichs, wie die Geographische Gesellschaft, die Geologische Anstalt, die Zoologisch-Botanische Gesellschaft und die Kaiserliche Akademie der Wissenschaften, nahmen an den Vorbereitungen zu dieser Expedition teil. In Zusammenarbeit mit dem Marineoberkommando schlugen diese Institutionen die Teilnehmer vor: den Geologen Dr. Ferdinand Hochstetter, den Zoologen Professor Georg Frauenfeld, den Kunstgärtner und Botaniker Anton Jellinek, den Maler Joseph Selleny und, als „Expeditionschronisten", Dr. Karl Ritter von Scherzer. Zum Expeditionsschiff wurde die Segelfregatte „Novara", unter dem Kommando von Fregattenkapitän Friedrich Pöckh, bestimmt; an der Reise nahmen 30 Marineoffiziere, 315 Mannschaften und die siebenköpfige „Wissenschaftliche Commission" teil, zusammen also 352 Mann. Zum Leiter der Expedition wurde Commodore Linienschiffskapitän Bernhard von Wüllerstorf-Urbair bestellt.

Am 30. April 1857 verließen die „Novara" und die Korvette „Carolina" den Hafen von Triest, begleitet von den Glückwünschen der wissenschaftlichen Welt. Nach der Äquatortaufe am 13. Juli trennten sich die Wege der Schiffe; „Carolina" nahm Kurs nach Pernambuco, während „Novara" die Weltumseglung mit Kurs Rio de Janeiro fortsetzte. Als es 1859, gegen Ende der Reise, zwischen Österreich und Frankreich zu kriegerischen Auseinandersetzungen kam, gab Kaiser Napoleon III. den Befehl, die österreichische Fregatte frei und unbehindert passieren zu lassen — „denn sie führt wissenschaftliche Schätze, und die Wissenschaft ist Gemeingut aller Völker". Diese noble Geste zeigte, daß man selbst im damals feindlichen Frankreich der Leistung der Männer der „Novara" Hochachtung entgegenbrachte.

Am 26. August 1859 kehrte der Weltumsegler schließlich, reich beladen mit naturwissenschaftlichen Objekten, nach einem zurückgelegten Weg von fast 52.000 Seemeilen, nach Triest zurück.

Was war das Resultat dieser Expedition? Eine große wissenschaftliche Leistung war die geologische Erforschung Neuseelands durch Dr. Hochstetter, ebenso die von ihm angelegte mineralogische und paläontologische Sammlung, besonders die Moa-Funde, die heute noch im Naturhistorischen Museum in Wien bewundert werden können. Auf zoologischem Gebiet brachte die Expedition fast 26.000 Präparate nach Hause. Die durchgeführten Schädelvermessungen lieferten wertvolle Grundlagen und Hinweise für die damals noch junge Wissenschaft der Anthropometrie. Das Völkerkundemuseum in Wien besitzt heute noch über 300 Objekte der „Novara"-Expedition. Die große Kollektion der Studien, Ölbilder und Reiseskizzen, die der Bordmaler Selleny heimbrachte, bildet bis in unsere Tage die Zierde einiger Wiener Museen. Außerdem gab Dr. Scherzer, der „Expeditionschronist", 1861 die dreibändige Reisebeschreibung „Reise der österreichischen Fregatte Novara um die Erde in den Jahren 1857, 58 u. 59" heraus, die sich schnell als „Bestseller" auf dem Gebiete der Jugend- und Reiseliteratur erwies. Als Kuriosität am Rande sei noch erwähnt, daß zwei während der Weltumseglung zum Mitkommen überredete Eingeborene (Maori aus Neuseeland) zunächst die Reise als Matrosen mitmachten, dann in der k. k. Hof- und Staatsdruckerei in Wien zu Buchdruckern ausgebildet wurden und später wieder in ihre ferne Heimat zurückkehrten.

Eine weitere wissenschaftliche Großtat war die österreichische Nordpolexpedition (1872–1874), die als „Payer-Weyprecht-Expedition" in die Geschichte der Polarforschung eingegangen ist. Im Jahre 1870 faßten der Kaiserjägeroberleutnant Julius Payer und der Linienschiffsleutnant Carl Weyprecht den Plan, eine Polarexpedition auszurüsten. Der als Mäzen für Kunst und Wissenschaft bekannte Graf Hans Wilczek spendete für dieses Unternehmen aus eigenen Mitteln 40.000 Gulden und warb außerdem in allen Kreisen Wiens für dieses Projekt. Die Akademie der Wissenschaften und die Marinesektion des Reichskriegsministeriums stellten die Instrumente zur Verfügung und sagten weitere Unterstützung zu. Da Payer und Weyprecht vorausschauende und verantwortungsbewußte Män-

Oben: Fregatte „Novara"
während der
Weltumseglung 1857—1859.

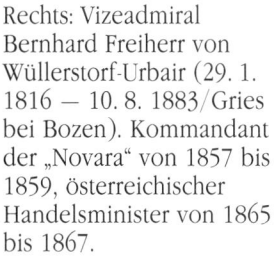

Rechts: Vizeadmiral
Bernhard Freiherr von
Wüllerstorf-Urbair (29. 1.
1816 — 10. 8. 1883/Gries
bei Bozen). Kommandant
der „Novara" von 1857 bis
1859, österreichischer
Handelsminister von 1865
bis 1867.

Dreimastschoner „Admiral Tegetthoff" (220 t). 1872 von der Firma J. C. Tecklenborg A. G. in Bremerhaven erbaut.

ner waren, unternahmen sie im Jahre 1871 auf dem norwegischen Segler „Isbjörn" eine Vorexpedition in das Barentsmeer, um die Eisverhältnisse, Meeresströmungen und meteorologischen Verhältnisse zu untersuchen. Im Sommer 1872 erfolgte eine zweite Vorexpedition, ebenfalls mit dem Segler „Isbjörn", um auf Nowaja Semlja ein Kohlen- und Proviantdepot zu errichten.

Zur eigentlichen Polarexpedition wurde der Dreimastschoner „Admiral Tegetthoff" (220 t), erbaut auf der Schiffswerft Tecklenborg und Beurmann A.G. in Bremerhaven, ausgerüstet. Die Besatzung bestand außer aus Payer und Weyprecht noch aus weiteren 22 Mitgliedern, darunter zwei Seeoffizieren, einem Arzt, einem norwegischen Kapitän als Eismeister und Harpunier, einem Maschinisten und zwei Tiroler Bergführern und Jägern. Entgegen den Ratschlägen und der Warnung der nordischen Seeleute wählte Weyprecht zum eigentlichen Schiffsdienst hauptsächlich Südländer aus; Istrianer, Kroaten und Dalmatiner. Diese Männer, alle der österreichischen Kriegsmarine angehörend, bewährten sich glänzend und widerstanden allen Entbehrungen, Strapazen und Wetterunbilden.

Am 14. Juli 1872, einem Sonntag, verließ das Expeditionsschiff „Admiral Tegetthoff" den Hafen Tromsö mit nördlichem Kurs. Durch unerwartete Eismengen wurde das Schiff aber am 21. August völlig vom Eis eingeschlossen und in einer mehrmonatigen Drift weit über die Nordspitze der Insel Nowaja Semlja hinausgetrieben. Die Besatzung nützte diese lange Zeit der „Gefangenschaft" in Eis und Nebel für meteorologische und astronomische Messungen und versuchte vergeblich, die Eisfessel durch Sprengungen abzuschütteln.

Doch am 30. August hob sich der Nebel, und Payer schrieb: „Als plötzlich im Nordwest eine vorüberziehende Dunstwand den Anblick eines strahlenden Alpenlandes enthüllte, standen wir im ersten Augenblick alle voll Unglauben da; dann brachen wir in den stürmischen Jubelruf aus: Land, endlich Land!" Neuland war entdeckt; aber noch 15 Meilen

Oberleutnant und Polarforscher Julius Payer (2. 9. 1841 — 29. 8. 1915/Veldes) in der Polaradjustierung.

Linienschiffsleutnant und Polarforscher Carl von Weyprecht (18. 9. 1838/Darmstadt — 29. 3. 1881/Odenwald in Hessen).

durch Nebel und Eisdrift vom Schiff getrennt. Erst am 2. November konnten die Expeditionsteilnehmer den unbekannten Boden betreten und zu Ehren ihres Kaisers der Inselgruppe den Namen „Franz-Josephs-Land" (heute sowjetisches Territorium, das seit 1929 Lomonossow-Land heißt) geben. Zwei Jahre diente das vom Eis umklammerte Schiff als Basis; und im ewigen Eis wurde auch der Maschinist Otto Krisch begraben, der an Tuberkulose gestorben war. Schließlich — der Eisdruck wurde immer größer — mußte das Schiff aufgegeben werden; so brach die Besatzung am 20. Mai 1874 mit vier Schlitten und Booten auf, um den Rückweg anzutreten. Nach größten Strapazen erreichte sie am 14. August mit letzten Kräften das offene Meer. Zehn Tage später wurde sie durch den russischen Walfänger „Nikolaj" aufgefunden und aufgenommen. Die Rückreise nach Österreich glich einem Triumphzug; in Hamburg, aber erst recht in Wien wurden die Expeditionsteilnehmer stürmisch empfangen.

Noch im Jahre 1921 fanden russische Fischer eine Flaschenpost, die Weyprecht Ende April 1874 dem Meer übergeben hatte. Das kostbare Dokument „landete" im Geographischen Institut der Universität in Wien. Und erst vor wenigen Jahren, 1978, entdeckte ein Teilnehmer einer sowjetischen Expedition auf der zum Franz-Josephs-Land gehörigen Insel Lamont unter Steinen, in einem zerbrochenen Steingutgeschirr, ein Holzkästchen, in dem sich in Folie und Wachspapier eingeschlagen ein Brief befand. Der Inhalt dieses von Weyprecht geschriebenen Briefes schilderte die hoffnungslose Lage des Schiffes, die Entdeckung von „Franz-Josephs-Land" sowie den Aufbruch nach Nowaja Semlja. In deutscher, englischer und serbokroatischer Sprache war die Bitte angeschlossen, bei Auffindung des Briefes diesen der österreichischen Admiralität zu übergeben. Nach 106 Jahren wurde dieser Wunsch erfüllt; am 11. Dezember 1979 übergaben die sowjetischen Behörden das Schreiben der Akademie der Wissenschaften in Wien zur Verwahrung. Noch einmal ge-

dachte die Öffentlichkeit der Taten dieser Männer. Nach der Rückkehr Carl Weyprechts von der Nordpolexpedition arbeitete er ein in die Zukunft weisendes Programm aus: wenn die Forschung im arktischen und antarktischen Raum gute Resultate erzielen sollte, müßte man nach gleichen Instruktionen und zur gleichen Zeit ein Jahr hindurch an verschiedenen Punkten in kleinen Stationen wissenschaftliche Arbeiten durchführen. Die Stationen sollten von verschiedenen Staaten besetzt werden, um die Kosten geringer zu halten. Dieses Programm, das Weyprecht der Polarwissenschaft und -forschung empfahl, führte schließlich zu der österreichischen arktischen Beobachtungsstation auf der Insel Jan Mayen. Auf den internationalen Polarkonferenzen in Hamburg, dem Meteorologenkongreß in Rom (1879) und der Polarkonferenz in St. Petersburg (1881) wurden diese Vorschläge aufgegriffen und die Errichtung fester Beobachtungsstationen (acht in der Arktis und vier in der Antarktis) beschlossen.

Österreich erhielt den Auftrag, auf der Insel Jan Mayen eine Beobachtungsstation zu errichten und zu betreiben. Wie schon bei der Nordpolexpedition stellte auch hier Graf Hans Wilczek die erforderlichen finanziellen Mittel zur Verfügung. Am 14. Juli 1882 legte der Dampfer „Pola", der zum Transport der Forscher und des Materials bestimmt worden war, an der Nordwestküste der Insel an. Nach Ausschiffung des Expeditionspersonals und des Materials, mehr als 200 Tonnen, kehrte das Schiff nach Pola zurück, da sich auf Jan Mayen kein Überwinterungshafen befand. Während des Winters wurde das wissenschaftliche Programm, meteorologische und erdmagnetische Beobachtungen, durchgeführt. Am 6. Mai 1883 erhielt der Transportdampfer „Pola" den Auftrag, die Mitglieder der Beobachtungsstation wieder abzuholen. Nachdem diese und das erarbeitete wissenschaftliche Material an Bord genommen waren, kehrte die Expedition am 26. Oktober 1883 wohlbehalten nach Pola zurück. Heute befindet sich auf Jan Mayen eine norwegische Wetterstation.

Im Gegensatz zu den meisten Seestaaten der Welt mußte Österreich-Ungarn seine Kriegsmarine nicht zum Schutz von Kolonien einsetzen. Daher dienten die transozeanischen Reisen der Verbesserung der Ausbildung von Mannschaft und Offizierkorps, dem Einblick in die maritimen, handelspolitischen und kulturellen Verhältnisse der besuchten Länder und der Erfassung wissenschaftlicher Daten. Von den vielen MISSIONS- UND AUSLANDSFAHRTEN österreichischer Kriegsschiffe seien zwei als Beispiel angeführt: die Missionsreise des Kanonenbootes „Albatros" nach Australien und jene nach Abessinien.

Links: Die österreichische arktische Beobachtungsstation auf der Insel Jan Mayen. Im Hintergrund das französische Expeditionsschiff „Manche". 1882/83.

Oben: Die Mitglieder der Jan-Mayen-Expedition. 1882/83.
Rechts: Insel Jan Mayen, die Sternwarte.

Oben:
Schraubenkanonenboot „Albatros" (570 t) vor Pola. Im Jahre 1873 in Pola vom Stapel gelaufen. 1888.
Rechts: Am Strande von Makalla; ein österreichischer Matrose unter „Schiffen der Wüste".

Links: Das Kreuz auf Guadalcanar. Dieses drei Meter hohe, graublaue Porphyrkreuz wurde 1901 in der Nähe des Dorfes Teteré errichtet. Es ist unbekannt, ob das Kreuz die schweren Kämpfe während des Zweiten Weltkrieges unbeschädigt überstanden hat.

1901 übergab die Besatzung des österreichischen Kreuzers „Leopard" dem Häuptling Saki vom Dorfe Teteré auf der Salomonen-Insel Guadalcanar ein mitgebrachtes Kreuz zur Obhut. Das graublaue, drei Meter hohe Porphyrkreuz trägt die Inschrift „Dem Andenken der im Dienste der Wissenschaft beim Kampfe am Fuße des Berges Tatuba heldenmütig gefallenen Mitglieder der Expedition S. M. S. ‚Albatros' von der k. u. k. Kriegsmarine — 1896". Es steht — von See aus sichtbar — am östlichen Ende des Dorfes Teteré innerhalb einer eisernen Gitterumfriedúng.

Die Vorgeschichte dieser Aktion war folgende: Auf Anraten der kaiserlichen Akademie der Wissenschaften in Wien sollten die noch kaum erforschten Salomoneninseln des australischen Archipels geologisch und biologisch untersucht werden. Die Kriegsmarine stellte dazu das Kanonenboot „Albatros" unter dem Kommando des Fregattenkapitäns Josef Ritter Mauler von Elisenau zu Verfügung, wissenschaftlicher Leiter der Expedition war der weltbekannte Geologe Heinrich Freiherr Foullon von Norbeeck. Am 2. Oktober 1895 verließ S. M. S. „Albatros" den Hauptkriegshafen und erreichte, meist unter Segel fahrend, am 24. Mai 1896 die Insel Guadalcanar. Ein ausgeschifftes Detachement drang in das Inselinnere vor. Mitten in der Forschungstätigkeit, am 16. August während der Besteigung des Berges Tatuba, wurde der Expeditionstrupp von Eingeborenen überfallen, der Geologe Foullon-Norbeeck, der Seekadett Armand de Beaufort sowie zwei Matrosen und ein eingeborener Führer wurden getötet, mehrere Expeditionsteilnehmer verwundet. Das Kommando der „Albatros" erhielt den Befehl, die Mission durch eine mehrwöchige Pause zur Erholung in Sydney zu unterbrechen. Im Jänner 1897 traf die Ersatzmannschaft ein und die Mission wurde fortgesetzt; am 7. März 1898 kehrte das Missionsschiff nach Pola zurück. Zur Erinnerung an diese Opfer der Wissenschaft wurden außer dem Porphyrkreuz in der Südsee auch zwei Gedenktafeln in der Marinekirche von Pola angebracht; diese befinden sich noch heute in der Unterkirche.

In den Jahren 1905—1906 führte eine Missionsreise zu Kaiser Menelik nach Abessinien, wo ein Freundschafts- und Handelsvertrag mit dem äthiopischen Kaiserreich geschlossen werden sollte. Mit der Durchführung dieser Mission wurde der kleine Kreuzer „Panther" unter dem Kommando des Fregattenkapitäns Ludwig Ritter von Höhnel betraut. Höhnel galt als Afrikakenner; er hatte zusammen

REPUBLICA ARGENTINA
LEY DE SELLOS

Patente de sanidad

CINCO PESOS
-5-
PESOS
AÑO 1903

000,396

Puerto de Rosario

Nº

La autoridad sanitaria de este puerto, certifica que el navio que a continuacion se espresa, parte en las condiciones siguientes:	OBSERVACIONES
Nombre del navio Zenta	
Clase Crucero de guerra	
Nacionalidad austriaco	
Tonelaje 2350	
De la matricula de	
Con destino a Paranagua	
Nombre del capitán Boeckman	
id. del médico	
Pasajeros	
Tripulantes 322 –	
Carga	
Condiciones sanitarias del navio, tripulacion i pasageros [illegible]	
Estado sanitario del puerto i la ciudad [illegible]	

Rosario Junio 8 de 1903 –

REPÚBLICA ARGENTINA ★ DEL PUERTO DEL ROSARIO ★ SERVICIO SANITARIO

[illegible]

[illegible]

[illegible]

ARTÍCULO ADICIONAL – No será válida toda patente cuya fecha tenga una anterioridad mayor de 24 horas, con respecto á la partida del navío, debiendo revalidarse en caso de demora mayor. (*Reglamento sanitario marítimo.*)

N. 240

ROSARIO

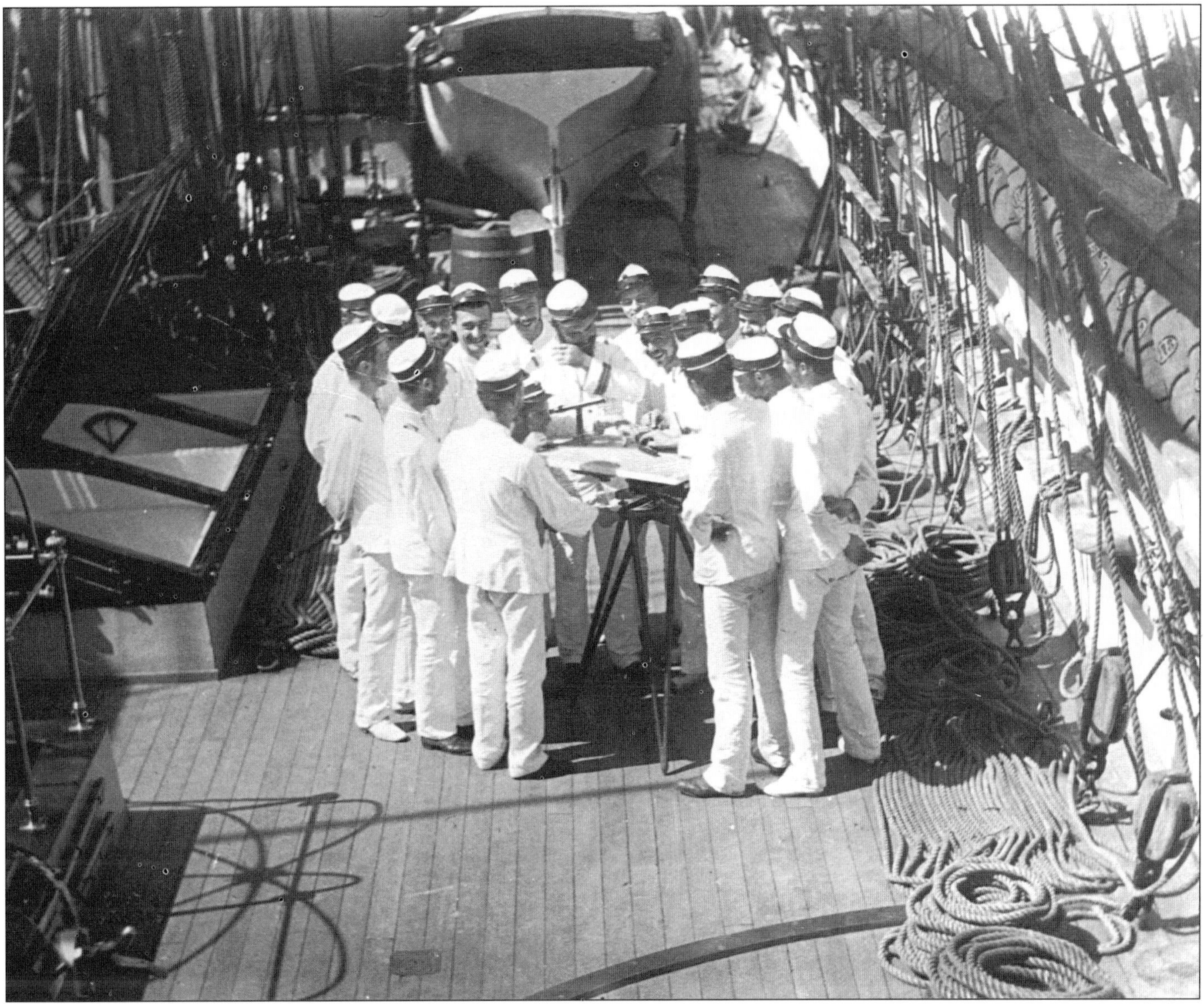

Links: Gesundheitszeugnis des Kreuzers „Zenta" aus Rosario vom 8. 6. 1903.
Oben: „Bord-Universität"; die Marineakademiker werden im Gebrauch des Sextanten unterrichtet.

Rechts: Korvette „Saida" läuft in Taranto (Tarent) ein. 1895.

mit Graf Samuel Teleki Zentralafrika erforscht und bei dieser Gelegenheit Anfang März 1888 den Rudolfssee und den Stefaniesee entdeckt. Außerdem war Höhnel durch seine mehrjährige Tätigkeit als Flügeladjutant von Kaiser Franz Joseph mit den Gepflogenheiten und dem Leben am Hofe vertraut. Besondere Sorgfalt wurde auf die Auswahl der Geschenke für Kaiser Menelik gelegt: eine zerlegbare Gebirgskanone samt Bespannung, Mannlichergewehre, einige Ballen farbige Seide — immerhin galt es, einen Markt zu erschließen — und aus dem Hofkeller einige Flaschen alten Tokayer. Kaiser Menelik hatte außerdem einen speziellen Wunsch: der beschädigte Münzprägestock sollte repariert werden. Zu diesem Zweck wurde ein Beamter aus dem Maschinendienst des „Panther" in Wien im Hauptmünzamt eingeschult. Am 15. Jänner 1905 lief der Kreuzer mit den eingeschifften Missionsteilnehmern aus Pola aus, um zum Monatsende den Hafen von Djibouti zu erreichen. Von hier fuhr die Delegation per Bahn bis zu dem bei Harar liegenden Endpunkt, dann mußte man per Karawane bis Addis Abeba weiterreisen. Nach 24tägigem Marsch war die abessinische Hauptstadt in Sicht.

Höhnel berichtet in seinen Erinnerungen über die Ankunft in der kaiserlichen Residenz:

„Nach fast zweistündigem Marsche am Südeingange der aus weitläufigen Höfen und vielen Gebäuden bestehenden kaiserlichen Residenz — des Gebi — angelangt, blieb die Eskorte zurück, wir zogen weiter in den ersten großen Vorhof, wo wir von etwa vierhundert kohlschwarzen Negern in dunkelbraunen Tuchuniformen — der Schankallatruppe des Bascha Grafen de la Guibougère — mit präsentiertem Gewehr und den Klängen des von Fanfarenbläsern flott gespielten Marsches begrüßt wurden; rechts vor einem Schuppen standen die Kanoniere Meneliks bei ihren Geschützen. Im zweiten Vorhofe ging es an der in Reihe aufgestellten kaiserlichen Leibwache vorbei zur Empfangshalle, einem Bauwerk von riesenhaften Dimensionen mit zweifach gewölbtem Dache. Da saßen wir ab, wurden von der Staubschichte befreit, die uns bedeckte, und betraten von Ilg (Minister Meneliks) geleitet in feierlichem Zuge den von einer angenehmen Kühle und wohltuendem gedämpften Tageslicht erfüllten weiten Raum. Mit drei durch die Hoforndung vorgeschriebenen Bücklingen schritten wir über Laufteppiche auf den Hintergrund zu, wo unter einem auf goldenen Säulen ruhenden Thronhimmel die Gestalt Meneliks sich aus einem Gewirr phantastisch gekleideter Würdenträger durch das Gefunkel seiner mit Diamanten übersäten Kaiserkrone hervorhob; dabei herrschte lautlose Stille, trotz der vielen Hunderte von Kammerherren und Haussoldaten, die sich zu beiden Seiten in dichten Reihen drängten. Zwei Fackellichter auf hohen, vergoldeten Piedestalen, die an salomonische Zeiten gemahnten, warfen einen schwachen Lichtschein auf den Thron. Der Kaiser in mit Gold und Brillanten reichgesticktem Mantelkleid saß vorübergebeugt auf einem divanartigen, mit kostbaren Teppichen belegten, etwas erhöhten Lager und blickte neugierig uns Fremdlingen entgegen. Ilg nannte unsere Namen, und die Thronstufen hinansteigend reichten wir Menelik die Hand. Wir wurden sodann mit den Prinzen sowie einigen Großwürdenträgern bekannt gemacht, und nachdem wir für einen Augenblick auf kleinen, vergoldeten Stühlen geruht hatten, erhob ich mich zu einer der Gelegenheit angepaßten Ansprache, die Ilg unter wiederholtem beifälligen Kopfnicken des Kaisers ins Amharische übertrug. Schiffsleutnant von Huber überreichte hierauf das Handschreiben unseres Kaisers, ein kalligraphisches Kunstwerk in kostbarer Mappe mit in Silber getriebenen Rosenmotiven, das Menelik sich leicht erhebend entgegennahm, jedoch unbeschaut zur Seite legte. Menelik ließ nun der mit der Fahne vor dem Throne postierten Matrosenabteilung seinen Gruß entbieten, fragte schließlich nach einer kleinen Verlegenheitspause, ob wir nicht müde von der Reise wären, worauf wir uns erhoben und die Halle bei Fanfarengeschmetter, so wie wir gekommen waren, wieder verließen."

Nach dem Vertragsabschluß kehrten die Missionsmitglieder am 10. April nach zweimonatiger Abwesenheit an Bord des „Panther" wieder zurück. Der Kreuzer setzte seine Reise nach Australien fort. Hier

Oben: Kleiner Kreuzer „Panther" (1.530 t). 1885 in Newcastle vom Stapel gelaufen. In den Jahren 1905/06 in Mission bei Kaiser Menelik in Abessinien. 1905.

Rechts: Kreuzer „Panther" vor Suez. 1905.

Oben: Kreuzer „Panther". Blick in die Offiziersmesse.

Links: Gedenktafel am Wohnhaus Ludwig von Höhnels (6. 8. 1857/ Preßburg — 23. 3. 1942/Wien), Wien III., Reisnerstraße 61.

Oben: Einzug in
Addis Abeba. Ein Abessinier
als Fahnenträger trägt die
österreichisch-ungarische
Handelsflagge.
11. 3. 1905.

Rechts: Das von Höhnel
während seiner Mission in
Abessinien bewohnte Zelt
(4. 2.–10. 4. 1905).

Fiume; Gebäude der Marineakademie. 1890.

bemühte sich Höhnel, die vom Naturhistorischen Museum und anderen wissenschaftlichen Institutionen in Wien geäußerten Wünsche, „betreff Fauna und Flora Australiens und Polynesiens", zu erfüllen. Von Australien steuerte der Kreuzer über Neukaledonien Richtung Japan. In Shanghai übergab Höhnel am 10. April 1906 das Schiffskommando an Fregattenkapitän Eduard Körber und kehrte per Bahn und Passagierschiff in die Heimat zurück, wo seine Kommandoführung während der Mission lobende Anerkennung fand und er bald ein neues Schiffskommando übernahm.

Drei Wissenschaftler von Weltruf aus dem Marineärztlichen Korps sind noch anzuführen: der Arzt, Botaniker und Sammler Dr. Heinrich Wawra Ritter von Fernsee (geboren am 2. Februar 1831 in Brünn, gestorben am 25. Mai 1887 in Baden bei Wien). Neben seiner botanischen und medizinischen Tätigkeit auf den Auslandsfahrten der Marine sammelte er für das k. k. Münzkabinett die fehlenden Münzen der besuchten Länder. Er war Mitglied der k. k. Geographischen Gesellschaft, und seine Arbeiten fanden in naturwissenschaftlichen Kreisen große Anerkennung; es wurden sogar einige Pflanzenarten (z. B. das Zypergras — Cyperus wawraenus) nach ihm benannt. Der Universitätsprofessor und Korvetenarzt Dr. Julius Wagner-Jauregg (geboren am 7. März 1857 in Wels, gestorben am 27. September 1940) war Mitglied der Akademie der Wissenschaften, bedeutender Nervenarzt und erhielt 1927 den Nobelpreis. Der Chirurg und Admiralstabsarzt Dr. Anton Freiherr von Eiselsberg (geboren am 31. Juli 1860 in Steinhaus in Oberösterreich, gestorben am 25. Oktober 1939 bei einem Eisenbahnunglück auf der Westbahnstrecke) gehörte zu den bedeutendsten Persönlichkeiten der berühmten Wiener Schule, er bildete ganze Generationen von Medizinern aus. Im Jahre 1906 wurde er zum Admiralstabsarzt außer Dienst ernannt, eine Ehrung, die ihn sehr gefreut hat. Eiselsberg erschien bei offiziellen Anlässen stets in Marineuniform, da er der Marine immer verbunden blieb.

Viele Marineoffiziere, die sich auf wissenschaftlichem Gebiet einen Namen gemacht hatten, waren Absolventen der MARINEAKADEMIE. Diese Marineakademie war eine Fachschule, die neben der See-Aspiranten-Schule für den Nachwuchs an Marineoffizieren verantwortlich war. Der Ursprung dieser Bildungsstätte reichte, wie vieles in der österreichischen Kriegsmarine, in die venezianische Periode zurück. Als Österreich 1814/15 Venedig wieder zurückerhielt, führte es die dort bestehende Bil-

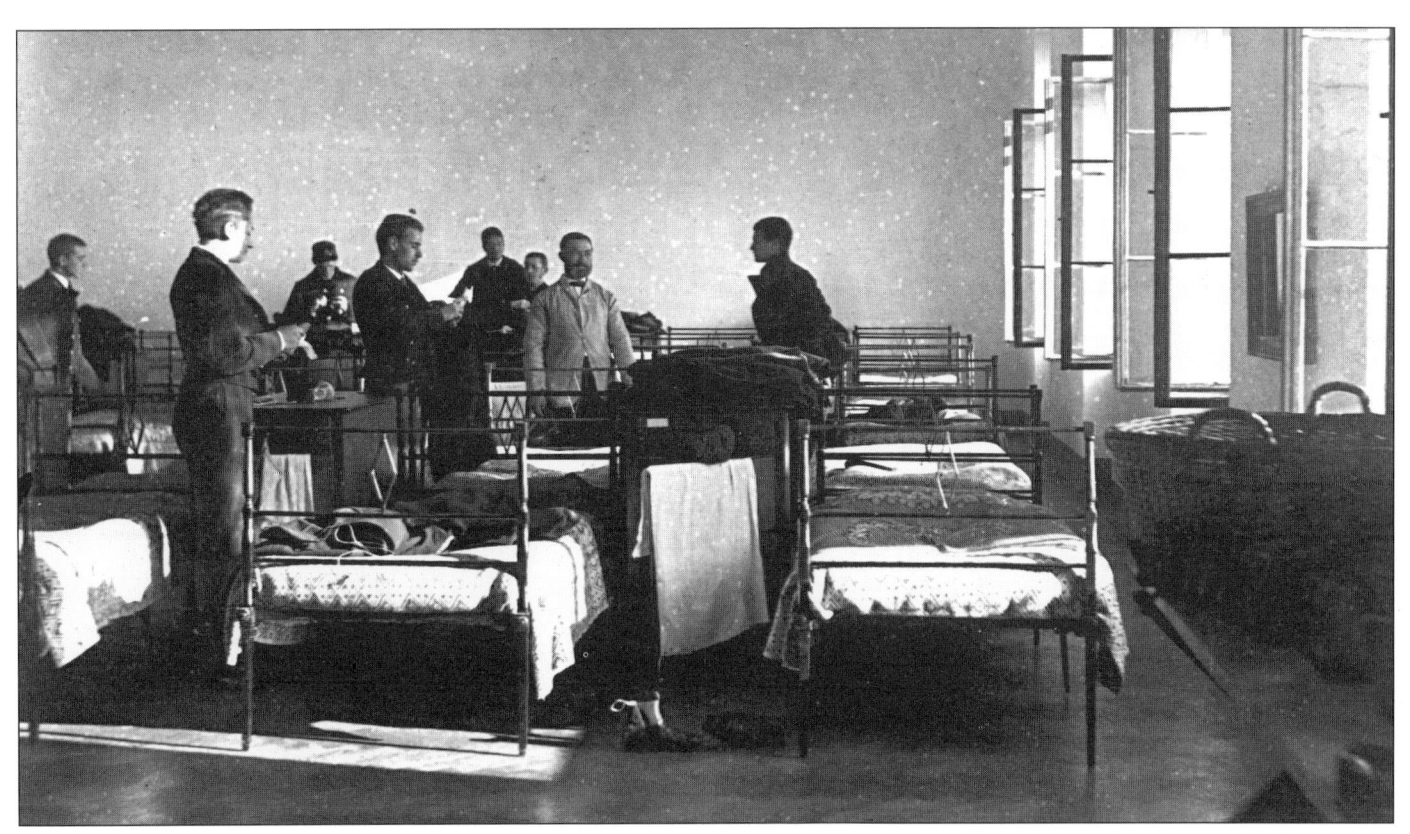

Marineakademie; einer der Schlafsäle.

dungsanstalt mit italienischer Unterrichtssprache als „k. k. Marine-Cadetten-Collegium" weiter. 1848 wurde die Anstalt nach Triest verlegt und im Februar 1852 in „k. k. Marine-Akademie" umbenannt. Als der Platz, auf dem das Akademiegebäude stand, dringend für den Bau des Triestiner Südbahnhofes gebraucht wurde, kaufte das Ärar um 50.000 Gulden einen geeigneten Baugrund in Fiume. Der Bau des neuen Akademiegebäudes begann am 22. Mai 1855 nach Plänen und unter der Leitung des Genie-Majors V. Poradowski von Korab. Erst während des Baues, am 26. März 1856, erfolgte die Grundsteinlegung im Beisein des damaligen Marineoberkommandanten Erzherzog Ferdinand Max. Fertiggestellt war der Bau am 3. Oktober 1857, das Lehrpersonal und die Zöglinge bezogen das Gebäude nur einen Tag später. Hier fand der Schulbetrieb mit Ausnahme der Jahre 1858–1866 bis zum Kriegsbeginn 1914 statt. Das mächtige Hauptgebäude steht heute noch, umgeben von einer wunderschönen Parkanlage. In ihm waren die Zöglinge (100–200 Mann) mit den für sie bestimmten Räumen (Lehr- und Schlafsäle), die Kommandanten-, Offiziers-, Professoren- und Unteroffizierswohnungen, die Mannschaftsräume, das Spital, die Kapelle, der Arrest und die Wäscherei untergebracht. Außer dem reichhaltigen Ausbildungsprogramm der Akademie wurden auch Übungs- und Instruktionsfahrten durchgeführt.

In der Regel wurden die Zöglinge nach der erfolgreichen Absolvierung des vierten Jahrganges zu Seekadetten ausgemustert. Auch Erzherzöge frequentierten als Zöglinge die Marineakademie, zum Beispiel Erzherzog Karl Stephan die drei obersten Klassen (1876–1879) und Erzherzog Leopold Ferdinand als Externist alle vier Klassen (1883–1887) der Marineakademie.

Zu Kriegsbeginn 1914 wurde die Marineakademie kurzzeitig in die Stiftskaserne nach Wien verlegt, um dann für das Studienjahr 1914/15 den Betrieb in Schloßhof bei Marchegg im Marchfeld aufzunehmen. Aus Fiume wurde nur ein Teil der Einrichtungen übersiedelt; für die maritimen Übungen wurden zwei Kutter an die March gebracht. Die letzte Übersiedlung der Marineakademie erfolgte im Jahr 1915 nach Braunau am Inn in ein Gebäude in der Salzburger Vorstadt Nr. 13. Hier verblieb die Marineakademie bis zu ihrer Auflösung im November 1918. Im Gebäude in Fiume wurde 1914 ein Feldspital eingerichtet, seit 1918 ist darin das Städtische Krankenhaus von Fiume (heute Rijeka) untergebracht.

Oben: Fiume. Hof der Marineakademie. Ausmusterung des Jahrgangs 1896.

Rechts oben: Ein Jahrgang der Marineakademie besucht die Ausgrabungen von Pompeji. Um 1873.

Links: Braunau; Eingang zur Marineakademie, die von 1915 bis 1918 in die oberösterreichische Kleinstadt verlegt war.

Rechts: Schloßhof. Speisesaal der vom 14. 11. 1914 bis 2. 5. 1915 dorthin verlegten Marineakademie.

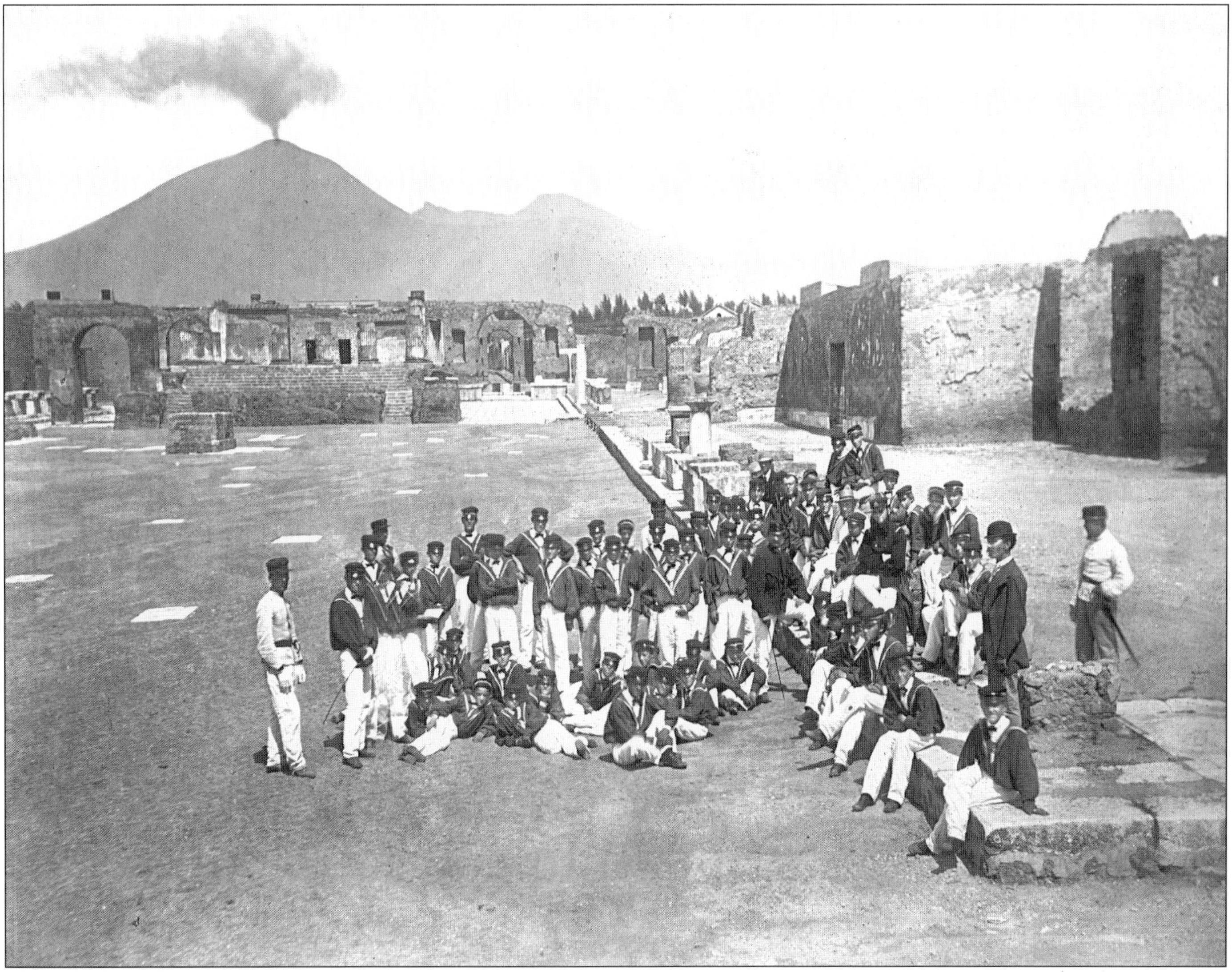

111

Links oben: Fiume. Der IV. Jahrgang vor dem Akademiegebäude. 1891.

Links unten: Marineakademie. Der Klassenoffizier Linienschiffsleutnant Ernst Racić mit seinem Jahrgang. Der Akademiker rechts unten vom Klassenoffizier ist Gottfried von Banfield. März 1909.

Oben: Der berühmte Chirurg und Admiralsstabsarzt Dr. Anton Freiherr von Eiselsberg (links: 31. 7. 1860/ Steinhaus, OÖ — 25. 10. 1939/Eisenbahnunglück bei St. Valentin) im Gespräch mit dem Marinekommandanten Großadmiral Anton Haus an Bord der „Viribus Unitis". Pola 1916.

DAS LEBEN DER MATROSEN
Alltag an Bord eines österreichischen Kriegsschiffes

In der k. (u.) k. Kriegsmarine war fast alles durch Vorschriften und Dienstbücher normiert und geregelt, so etwa auch die Versorgung der Arsenalskatzen, die in der Gebühren-Vorschrift aus dem Jahre 1891 im 5. Hauptstück, § 95, dem „Katzen-Atzungs-Pauschale", berücksichtigt wird. Dort heißt es: „In jenen Magazinen, wo zur Sicherung des ärarischen Gutes Katzen notwendig sind, ist ein Pauschale von je drei Kreuzern für jede Katze, deren Unterhalt vom Reich-Kriegs-Ministerium/Marine-Sektion bewilligt worden ist, in Aufrechnung zu bringen"; oder die Friedhofsordnung des Polesaner Marinefriedhofs – es war für alles gesorgt. Natürlich auch für den Tagesablauf an Bord eines Kriegsschiffes vor Anker oder in See (Dienstreglement, dritter Teil, Dienst zur See, §§ 12 und 13):

5.00 Uhr (Morgenschuß), Tagwache, Gebet; allgemeines Auspurren; Proviantkommission. Mit dem Glockenschlag „zwei Glas" schmettert der mit der Wache angetretene Hornist die „Tagwache" in den Morgen. Auf und unter Deck wird es lebendig. Die Dienstdivision trifft die Vorbereitungen für die Personal- und Schiffsreinigung.
5.10 Uhr Morgenappell; Hängematten stauen; persönliche Reinigung. „Alle Mann sich waschen." Mag es noch so kalt sein, alle waschen sich mit bloßem Oberkörper in den großen, auf Deck aufgestellten Baljen. Die Handtücher werden auf Jollentauen gehißt.
5.30 Uhr Frühstück. Das schrille Signal der Bootsmannpfeife ruft zur Einnahme des Frühstücks. Bis zum Jahre 1876 wurden der Mannschaft zum Frühstück und zum Abendessen Sardellen mit Öl oder Essig und Wein verabreicht. Nach Auflassung dieser „starken Kost" kam Kakao mit Zucker (an Samstagen Käse und Rum) auf den Frühstückstisch. Erst später wurde diese Speisenfolge durch schwarzen Kaffee mit Brot (der ungefähre gesamte Morgenkonsum eines Schlachtschiffes: 400 Liter Kaffee und 700 Kilogramm Brot) ersetzt.
6.00 Uhr Eßzeug räumen; Rauchen einstellen; Schiffs- und Maschinenreinigung. (An den hiefür bestimmten Tagen vorher Waschen von Wäsche und Hängematten etc.)
Die Matrosen ziehen ihre Schuhe und Socken aus, binden sie sich hinten an die Hosenriemen und beginnen die Schiffsreinigung; Ströme von Wasser ergießen sich über alle Decks, die mit den Deckbürsten bearbeitet werden.
7.15 Uhr Adjustierungssignal. Durch dieses wird vom Flaggenschiff die Art der Bekleidung angeordnet. Im Sommer sind es die leichten weißen, luftigen Leinenuniformen, im Winter die dicken, warmen Tuchmonturen.
7.30 Uhr Metallreinigung. An die vorhergegangene „Wasserorgie" schließt die Metallreinigung an: jeder Matrose hat seine Metallgegenstände zugewiesen, die er zu bearbeiten hat.
8.00 Uhr Feierliches Hissen der Flagge. „Acht Glas". Alle an Deck befindlichen Personen wenden salutierend den Kopf nach achter, die Bordmusik, wenn vorhanden, stimmt die Volkshymne an; sonst bläst der Hornist den Generalmarsch und das Postenquantum gibt einen blinden Schuß ab; die Kriegsflagge wird feierlich und langsam gehißt.
8.25 Uhr Metallreinigung einstellen; Visitierung.
8.30 Uhr Metallreinigung abblasen; Dienstdivision Tageskleider an; Krankenvisite.
8.55 Uhr Dienstdivision Säcke räumen und auf Deck.
9.00 Uhr Freie Division Tageskleider an.
9.25 Uhr Freie Division Säcke räumen und auf Deck.
9.30 Uhr Rapport, Visitierung der einzelnen Schiffsräumlichkeiten und Einrichtungen durch die mit der Aufsicht betrauten Offiziere, Seekadetten und Beamten.
Nachdem die Mannschaft die guten Kleider, die sogenannten Tageskleider umgezogen hat, folgen die Schiffs- und Mannschaftsvisite sowie der gefürchtete Rapport. Die bei dieser Gelegenheit verpaßten Strafen waren streng. Die Disziplinarstrafen reichten von Barrenarrest (Krummschließen), Dun-

Oben links: Matrose der Fregatte „Schwarzenberg". 1867.

Oben Mitte: Matrosen des Waffendienstes. 1875.

Oben rechts: Matrose des Minendienstes, Unterseeboot „XV". 1916.

Rechts Mitte: Matrose des Kreuzers „Kaiser Franz Joseph I." in Hongkong. 1907.

Rechts außen: Matrose (Einjährig-Freiwilliger) des Schlachtschiffes „Radetzky". 1912.

Ernennungsdekret eines Maschinenbau- und Betriebs-Eleven aus dem Jahre 1888. Mit solchen Dekreten erfolgte die Ernennung der Marineoffiziere und Beamten bis zur VI. Rangklasse.

kelarrest, Bordarrest (Landgangentzug), Fasttag, Weinentzug, Strafrudern bis hin zur Degradierung. Nur ein Beispiel: das Entfernen der Drahtversteifung aus der Matrosenkappe (das war „fesch") führte beim Rapport zu drei Tagen Bordarrest.
10.00 Uhr Beginn der Exerzitien und Schulen; Schiffsvisitierung durch den Gesamtdetailoffizier.
11.00 Uhr Proviantkommission. Der Wachoffizier kostet das Mannschaftsessen vor der Menageausteilung. Von 10.00 bis 11.30 Uhr wird exerziert, Unterricht erteilt und Waffenschule gehalten.
11.30 Uhr Ende der Exerzitien und Schulen; Backtische setzen.
11.55 Uhr Eßzeug bereiten.
12.00 Uhr Gebet; Mittagsmahl. Nachdem um 11.30 Uhr Rast geblasen und das Rauchverbot aufgehoben worden ist, begeben sich die Backgasten (Back ist ein Tisch, an dem 10—12 Matrosen ihre Mahlzeiten einnehmen) zum Menageempfang in die Küche. Die Backgasten, die wöchentlich wechseln, bringen die Menage und reinigen nach der Mahlzeit das Geschirr. Als Beispiel die Speisetabelle aus dem Jahre 1908:

	Täglich mittags Suppe und Rindfleisch mit:	Abends:
Montag:	Fisolensalat	Gulyas mit Erdäpfeln
Dienstag:	eingebrannten Schnittbohnen und Erdäpfeln	Reisfleisch (Risotto)
Mittwoch:	eingebrannten Fisolen	Fleisch mit Mehlspeise (Ragout mit Makkaroni)
Donnerstag:	Weißkraut und Erdäpfeln	Gulyas mit Erdäpfeln
Freitag:	Sauerkraut und Fisolen	Fleisch mit Erbsenpüree
Samstag:	Wirsingkohl und Erdäpfeln	Reisfleisch (Risotto)
Sonntag:	eingebrannten und gesäuerten Erdäpfeln mit Fisolen	Fleisch mit Mehlspeise (Ragout mit Makkaroni)

Außer den normierten Sonderrationen, wie zum Beispiel Tee und Zucker für die Heizer, konnte der Schiffskommandant am Geburtsfest Seiner Majestät (18. August), am 20. Juli (dem Jahrestag der Seeschlacht bei Lissa), am Tage der Passierung des Äquators, am Neujahrstag, am letzten Faschingstag und am Weihnachtsabend die Ausgabe einer Extraration von 35 cl Wein pro Mann anordnen. Die Verpflegung der Mannschaft war ausreichend und gut, nur in den letzten Kriegsjahren konnte sie in diesem Ausmaß und in dieser Qualität nicht mehr verabreicht werden, es gab nur noch wässrige Suppen und Stockfisch. (Der ständige Hunger und der Gegensatz zu den Stabsküchen — wo nach wie vor fast wie in Friedenszeiten gekocht wurde — war mit ein Grund für die Matrosenrevolte in der Bocche di Cattaro im Jahr 1918.)
13.00 Uhr Eßzeug räumen.
13.30 Uhr Visitierung der Backgeräte.
13.50 Uhr Rauchen einstellen. Nach dem Essen schläft, raucht oder schreibt die dienstfreie Mannschaft.
14.00 Uhr Beginn der Exerzitien und Schulen.
15.45—16.00 Uhr Pause.
17.00 Uhr Ende der Exerzitien und Schulen. Dieser Zeitraum von 14.00 bis 17.00 Uhr wird wieder zum Exerzieren an den Geschützen und den Handfeuerwaffen oder für Bootsmanöver, Minen- oder Torpedoübungen genützt.
17.15 Uhr Freie Division Nachtkleider an.
17.30 Uhr Freie Division Säcke räumen und auf Deck.
Die in der Früh in den Säcken verstauten „Nachtkleider" (vielfach geflickte, ausgewaschene, aber saubere Monturen) werden hervorgeholt, umgezogen, denn um 18.00 Uhr ist es Zeit für den Abendappell. Bei Sonnenuntergang wird mit dem gleichen Zeremoniell wie am Morgen die Flagge eingeholt.
18.25 Uhr Eßzeug bereiten.
18.30 Uhr Abendessen.
19.00 Uhr Eßzeug räumen.
19.15 Uhr Backtische räumen.
Die restliche Zeit nach dem Essen gehörte den Matrosen. Sie saßen in nach Nationen getrennten Gruppen beisammen, plauderten und erzählten ein-

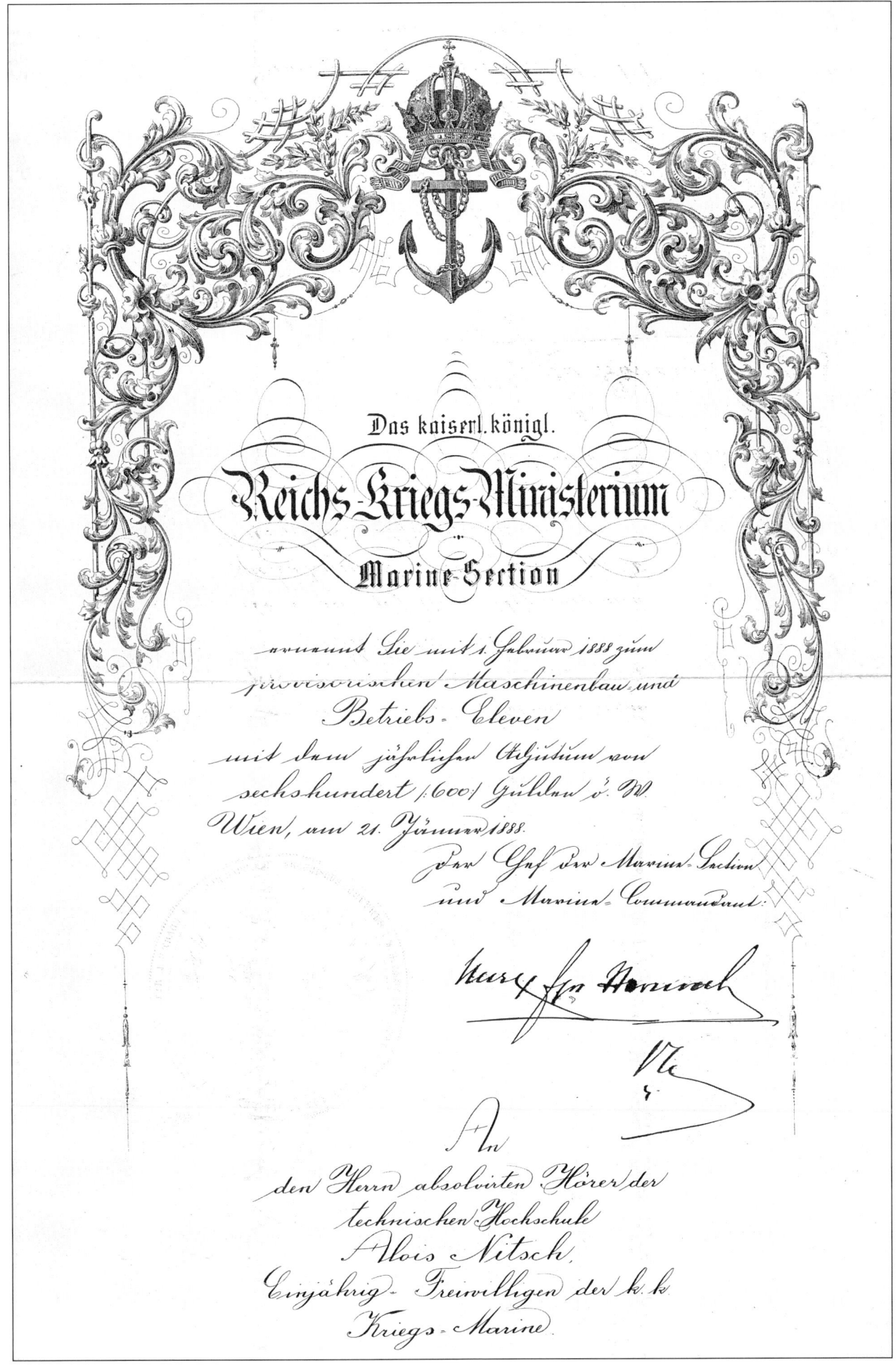

Oben: Wien, Albrechtsrampe. Defilierung einer Marineabteilung. 1899.
Links: Erzherzog Carl Franz Joseph (17. 8. 1887/Persenbeug — 1. 4. 1922/Madeira), der spätere Kaiser Karl I., in der Uniform eines Linienschiffskapitäns.
Rechts oben: Erzherzog Leopold Ferdinand, der sich später Leopold Wölfling nannte (2. 12. 1861/Salzburg bis 1935/Berlin) (links) als Zögling der Marineakademie mit seinem Klassenoffizier Linienschiffsleutnant Hermann Ritter von Jedina (rechts). Fiume 1884.
Rechts unten: an Bord der Fregatte „Saida". Der Kommandant Linienschiffskapitän Johann Pelzel und sein Stab; links vom Kommandanten der spätere Admiral Erzherzog Karl Stephan (5. 9. 1860/Selowitz in Mähren — 7. 4. 1933/Saybusch in Galizien). 1879/80.

119

Kronprinz Rudolf in der Uniform eines Konteradmirals (21. 8. 1858/Laxenburg — 30. 1. 1889/Mayerling) mit Kronprinzessin Stephanie.

ander von der Heimat. In der k. (u.) k. Kriegsmarine dienten ja die verschiedensten Nationalitäten aus der ganzen Monarchie: Deutsche, Italiener, Südslawen, Ungarn, Ruthenen, Polen und Tschechen. Obwohl Deutsch 1849/50 als Dienstsprache eingeführt worden war, lernten die Matrosen und ihre Instruktoren diese Sprache kaum, höchstens mangelhaft. Man bediente sich meist eines „Marine-Esperanto", der sogenannten „lingua di bordo", aus dem italienisch-venezianischen Dialekt, gemischt mit kroatischen und dalmatinischen Ausdrücken, die dann noch durch tschechische und ungarische Worte vervollständigt wurde. Leider geriet diese praktische Sprache nach dem Untergang der Monarchie vollkommen in Vergessenheit.

Da oft einzelne Matrosengruppen ihre Heimatlieder anstimmten, hieß es um

19.50 Uhr Rauchen und Singen einstellen.
20.00 Uhr Alle Mann antreten; Dienstverlesen; Abpurren.
20.45 Uhr Freie Mannschaft unter Deck.
21.00 Uhr Retraite (Abendschuß).

Feierlich klangen die langgezogenen Töne des Zapfenstreiches über das Meer. Bei der Generalrunde des Inspektionsoffiziers um 22.00 Uhr mußte alles in den Hängematten ruhen.

Das war der Tagesablauf auf einem vor Anker liegenden Schiff; auf in See befindlichen Schiffen war der Ablauf ähnlich, nur zeitlich etwas verschoben.

Eine bei Mannschaft und Offizieren gleichermaßen unbeliebte Tätigkeit war das Kohlemachen. Es hatte so rasch wie möglich zu geschehen, dabei war der übrige Dienst auf das Notwendigste eingeschränkt. Da der feine Kohlenstaub selbst durch die kleinsten Spalten und Ritzen eindrang, sah man überall vermummte Gestalten, die trachteten, die vorhandene Kohle so rasch wie nur möglich in den Kohlebunkern des Schiffes verschwinden zu lassen. Erst nach der allgemeinen Schiffsreinigung und dem Waschen der Arbeitskleider und der Kohlenschirme kehrte wieder Ruhe an Bord ein.

Weitaus beliebter waren die Gebräuche, die beim Passieren des Äquators üblich waren. Seekadett Viktor Bena schildert in seinen Reiseerinnerungen diesen alten Brauch der „Äquatortaufe" auf der Korvette „Donau", am 19. Juni 1900:

„Am Nachmittage des 19. erfolgte Neptun's Einzug. Aus der Lafette des Landungsgeschützes war ein Wagen für den Meeresgott hergestellt worden; neben Neptun saß dessen Gemahlin, ein mit aller Kunst hergerichteter Artillerie-Instruktor. Vier Meeresjungfern, die abwechselnd einen Sprößling des Götterpaares trugen, folgten unmittelbar dem Wagen, und dann erst kam das übrige Gefolge. Die Musikanten, schwarz gefärbt, bliesen einen jämmerlichen Marsch; sechs schwarze Männer aus dem Gefolge bemächtigten sich des Steuerrades, während Neptun's Leib-Astronom samt Gehilfen und einem Riesenfernrohr die Kommandobrücke bestiegen und die Beobachtung des Aequatordurchganges einleiteten. Andere schwarze Gehilfen bereiteten den Sitz für den Leibbarbier vor. Eine mit Seewasser gefüllte Balje (großes Schaff) wurde mit einem Brette überdeckt und der Korvettenarzt, als jüngster bärtiger Schiffsgenosse, eingeladen, sich zur Feier der Überschreitung des Aequators den Vollbart abnehmen zu lassen.

Während nun Neptun's Zug vor der Kommandobrücke Halt machte und Neptun eine Rede an die Versammelten hielt, welche der Bedeutung der Aequatortaufe angepaßt war und die Bitte an den Kommandanten enthielt, die Taufe derjenigen vornehmen zu dürfen, welche den Aequator das erste Mal überschreiten, seiften die Barbiere den Korvettenarzt ein und der Astronom gestikulierte fortwährend, zum Zeichen, daß der Moment der Aequatorüberschreitung immer näher rückte.

Endlich meldete er dies mit entsprechender Gebärde und Neptun gab das Zeichen zum Beginn der Taufe. Die Barbiere zogen das Brett unter dem eingeseiften Doktor weg und dieser saß in der gefüllten Balje — als erster Täufling. Hierauf ergoß sich eine wahre Flut von Wassermengen über uns Kadetten und bald entstand ein sich gegenseitiges Anschütten, das nur dadurch ein frühes Ende fand, weil die an den Pumpen befindlichen Leute heraufkamen, da auch sie etwas von dem Trubel zu sehen wünschten. Die Schwarzen und das weibliche Ge-

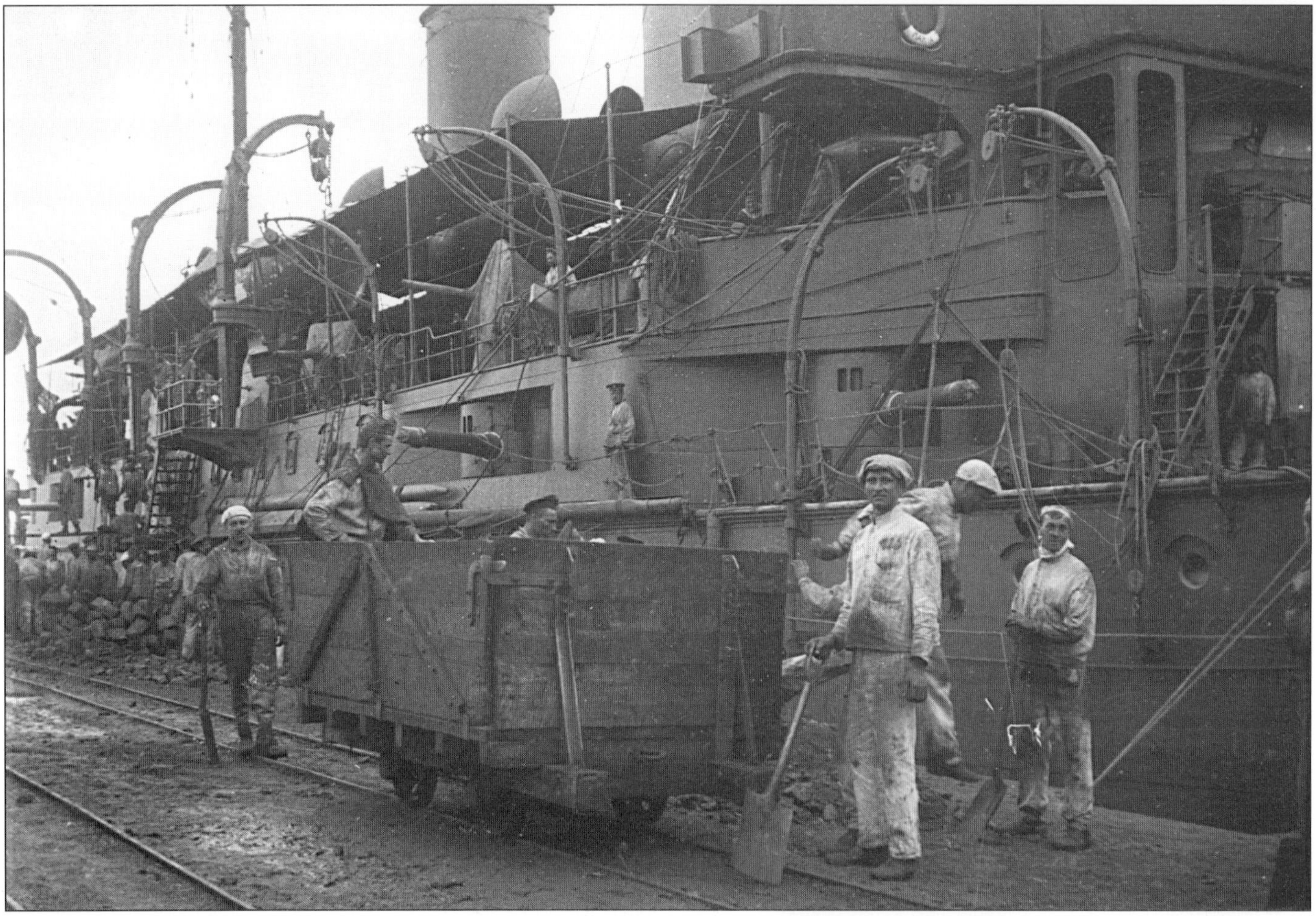

122

folge Neptun's hatten arg unter dem Wasserbade gelitten. Den Schluß der Feier bildete eine photographische Aufnahme der Neptun'schen Gesellschaft. Die Täuflinge erhielten ein von Neptun gefertigtes Diplom, als Andenken an den Taufakt, ausgefolgt. Natürlich kamen Neptun und Gefolge auch auf ihre Kosten, indem Kommandant, Offiziere und Kadetten etliche Flaschen Wein und Bier als Gegengabe verteilen ließen. Der gestrenge ‚Erste Leutnant' aber bewilligte der Mannschaft eine Extra-Weinration."

Das Personal der österreichischen Kriegsmarine gliederte sich wie folgt:
Die Mannschaft, die „Personen des Soldatenstandes", teilte sich in die Matrosen von der 4. bis zur 1. Klasse, in die niederen Unteroffiziere (von Gast über Quartiermeister bis Maat) und die höheren Unteroffiziere (wie Unterbootsmann bzw. Unterwaffenmeister oder Elektrounterwärter). Zu den ursprünglichen Spezialitäten, wie Deck-, Artillerie-, Torpedo-, Seeminen-, Steuer-, Waffen-, Maschinen-, Militär-Arbeiter-, Proviant-, Sanitäts-, Küchen- und Musikdienst kamen in den Jahren vor dem Ersten Weltkrieg die Elektro-, Flieger-, Telegraphen- und Bekleidungsdienste dazu. Die nächste Stufe der Hierarchie bildeten die Stabsunteroffiziere mit dem Stabsbootsmann (bzw. Stabstorpedomeister oder Stabselektromeister) und dem höchsten Unteroffizier, dem Ober-Stabsbootsmann (ihm entsprechend: Ober-Stabstorpedomeister bzw. Ober-Stabselektrowärter).

Oberste und erste Stufe des Personals der Kriegsmarine waren die „Stabspersonen", die in der XII. bis zur II. Rangklasse (früher Diätenklasse) eingeteilt waren:

Fähnriche
 XII. Rangklasse: Seeaspirant – Seekadett – Seefähnrich
 XI. Rangklasse: Korvettenleutnant (dieser Rang wurde erst am 29. September 1915 eingeführt).

Oberoffiziere
 X. Rangklasse: Fregattenleutnant
 IX. Rangklasse: Linienschiffsleutnant

Stabsoffiziere
 VIII. Rangklasse: Korvettenkapitän
 VII. Rangklasse: Fregattenkapitän
 VI. Rangklasse: Linienschiffskapitän

Flaggenoffiziere
 V. Rangklasse: Konteradmiral
 IV. Rangklasse: Vizeadmiral
 III. Rangklasse: Admiral
 II. Rangklasse: Großadmiral (dieser Rang wurde am 4. Mai 1916 eingeführt)

Außer diesen Personen des Soldatenstandes gab es dann noch die große Gruppe der Marinebeamten, die Marinegeistlichkeit, das Offizierskorps der (Marine-)Auditoren und das Marineärztliche Offizierskorps.
In keiner anderen Kriegsmarine waren die Standesunterschiede vergleichbar groß wie in der österreichischen. So versuchten etwa die Maschinenbetriebsleiter, also das leitende technische Personal, bis 1918 vergeblich, eine Gleichsetzung mit den Seeoffizieren zu erreichen.

Links oben:
Kohlenübernahme auf dem Panzerkreuzer „Maria Theresia".

Links unten: Zerstörer „Dukla"; Kohlenübernahme. 1918.

Eid

Sie werden einen Eid zu Gott dem Allmächtigen schwören und bei Ihrer Ehre und Treue geloben, Seiner K. und K. apostolischen Majestät dem Allerdurchlauchtigsten Fürsten und Herrn

Franz Josef dem Ersten

von Gottes Gnaden Kaiser von Österreich, König von Böhmen u. s. w. und apostolischen Könige von Ungarn, und nach Allerhöchst demselben den aus Allerhöchst dessen Stamme und Geblüte nachfolgenden Erben unverbrüchlich treu und gehorsam zu sein, Sie werden schwören, auch jedem Ihnen als Marine Commissariats Beamten vorzunehmenden Dienstesposten die Ihnen obliegenden, besonders vorgezeichneten Pflichten gewissenhaft zu erfüllen, dabei nur das Beste des Dienstes Seiner Majestät, der K. K. Kriegsmarine und des Aerars vor Augen zu haben, Nachtheil und Schaden nach Kräften abzuwenden, den Gesetzen Dienstes Instruktionen und den Aufträgen Ihrer Vorgesetzten billigen Gehorsam zu leisten und das Dienstgeheimniß treu zu bewahren.

Was mir eben vorgehalten wurde und das ich wohl und deutlich verstanden habe, dem soll und will ich getreu nachkommen.
So wahr mir Gott helfe.

Pola am 9. November 1880

August Pittanetti
Com. Steer

Daß vorstehender Eid am heutigen Tage in unserer Gegenwart abgelegt wurde, bestätigen wir

Pola am 9. November 1880

A. Müldner

Oben: Reinigung nach der Kohlenübernahme auf dem Panzerkreuzer „Kaiser Karl VI.".

Links: Handschriftlicher Eid eines Marinebeamten aus dem Jahre 1880.
Rechts: Schiffsreinigung.

Ganz oben: Mittagessen auf der Fregatte „Laudon".
Oben: Bordbäckerei.

Links: Blick in eine Mannschaftküche.
Rechts: Proviantkommission, Schlachtschiff „Budapest".

Links: Zerstörer „Dukla"; Kohlenübernahme. 1918.

Rechts oben: Rapport auf dem Artillerieschulschiff „Adria".
Rechts Mitte: Bordschuster und Bordschneider bei der Arbeit.
Rechts unten: Auszahlung der Löhnung an Bord des Kreuzers „Kaiserin Elisabeth".

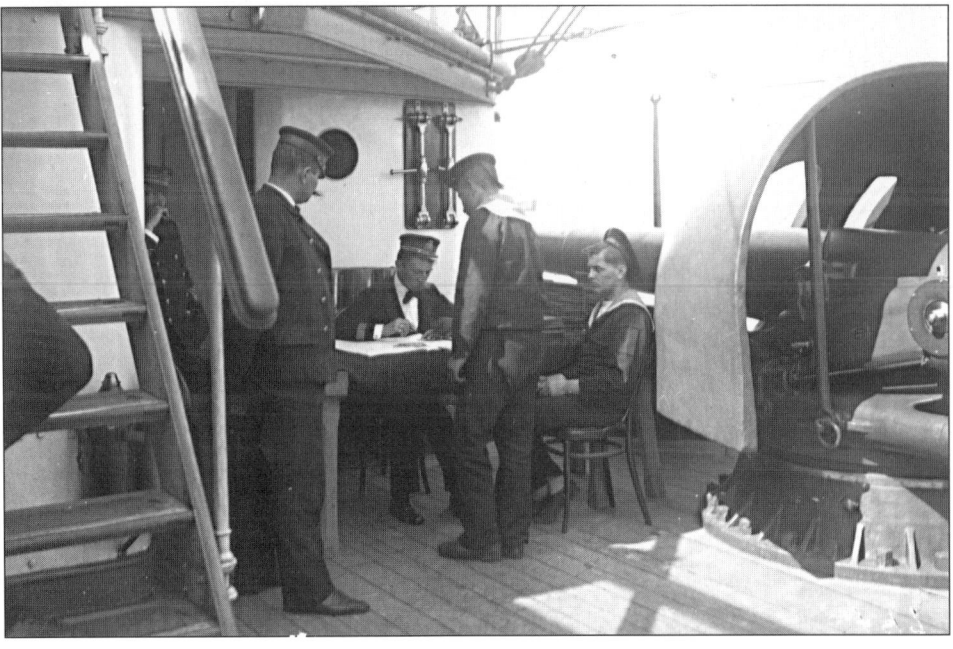

Oben: Effektenkontrolle auf dem Kasemattschiff „Custoza".

Links: der Kleinste und Jüngste der Mannschaft des Zerstörers „Dukla".

Rechts oben: Sichten und Stauen der Seesäcke.

Rechts: Einschiffung eines Landungsdetachements in Dalmatien.

131

K. u. k. I. Seebataillon
3. Marschkompanie

Nr. 35 Prot. N° 889.

Den Kurier ist, wenn im Zuge kein eigener Kurierabteil (-wagen) vorhanden, ein halber Abteil ...... Klasse zu reservieren.

1/4 Eisenbahn- (Dampfschiff-) Fahrkarte
1. Klasse.
II. "
III. "

___ kg persönliches | Reisegepäck.
___ kg dienstliches |

Die Reiseauslagen sind
zu bezahlen
~~kreditieren~~

Fahrscheine müssen unbedingt gelöst werden. Nur bei Mangel an Zeit kann die Abfertigung im Zuge stattfinden.

Offener Befehl

für den k. u. k. (k. ung.) *Waffengast Gold Josef* (*25* Jahre alt), vom Stande des *I. Seebaons. 3. Kompg mit 1 Mann der 1. Kompg*

der auf Grund *Chefarztl. Auftrages ins Zahnambulatorium*

vom Standorte des *I. Seebaons. 3. Marschkompagnie Dignano nach Pola u. zurück* in den Standort *Dignano*

mit Benützung der Eisenbahn, ~~Feldbahn, Dampfschiff, Kraftwagen,~~ per ~~Vorspann~~ abzugehen hat (reist)

Zur Bestreitung der Reiseauslagen ist dem Erstgenannten ein *Vergütung* von *eine Krone 28 Heller* Kronen auf Verrechnung aus der ~~Haupt-~~ Hand- Kassa des obigen Kommandos erfolgt worden (Journalartikel Nr. _____).

Alle Zivil- und Militärbehörden werden aufgefordert, den/die Obgenannten ungehindert passieren zu lassen und ihm/ihnen nötigenfalls jede Unterstützung zu gewähren.

Standort, *Dignano* am *14. April* 191*7*.

Die Gültigkeit dieses Offenen Befehles erlischt am *14. April* 191*7*.
Er ist nach Ablauf der Gültigkeit vom vorgesetzten Kommando einzuziehen (ungültig zu machen).

Vom *Der Adjutant*
Der *Lastzug Schnellzug* bewilligt.

Eigenhändige Unterschrift des Inhabers des Offenen Befehles:

Jos. Gold

Ärztlich untersucht und infektions- sowie ungezieferfrei befunden:
Standort, *Dignano* am *14. April* 1917.

Bei Reisen durch Deutsches Gebiet:
Die Echtheit der eigenhändigen Unterschrift des Inhabers dieses Offenen Befehles wird bestätigt:

Alles nicht Zutreffende ist zu streichen.
Siehe Anmerkung auf Seite 4.

Oben: Schlachtschiff „Tegetthoff", Leibesübungen an Bord.

Links: Marschbefehl zum Zahnarzt (Dignano—Pola und zurück).
Rechts: Effektenwaschen.

Links oben: Korvette „Donau", „Äquatortaufe": Neptun und sein Gefolge. 1900.

Rechts oben: Kreuzer „Kaiser Franz Joseph I." in Tsingtau; Dinner an Bord am 15. November 1907.

Links unten: Mannschaftsquartier; ruhende Matrosen unter Deck.

Rechts: Ein Sonnenbad tut gut.

135

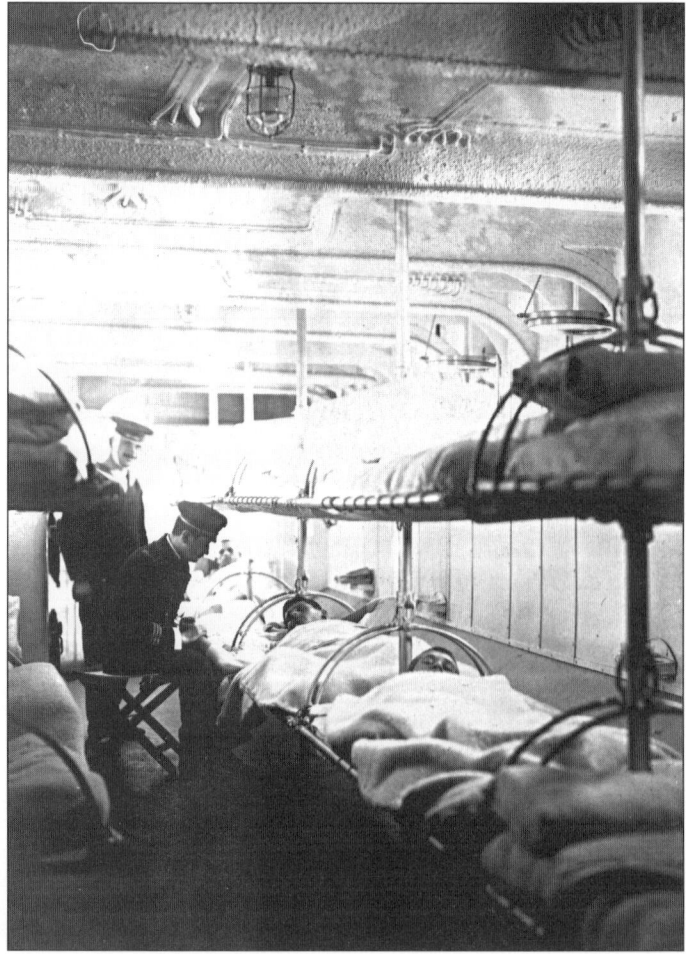

Links oben: Freizeitbeschäftigung auf dem Schlachtschiff „Viribus Unitis": Matrosen beim russischen Kegelspiel.

Links außen: Bordarrest.

Links: Bordspital auf dem Schlachtschiff „Prinz Eugen".

Oben: Versorgen der Dampfbarkassen und Beiboote.

FRANZ FERDINAND MACHT DIE MARINE POPULÄR
Der Flottenausbau vor dem Ersten Weltkrieg

Die binnenländischen Österreicher wußten nicht viel von der Marine; auch die militärischen Erfolge Wilhelm von Tegetthoffs hatten daran wenig geändert. 1886 war am Eingang zum Wiener Wurstelprater zwar ein Denkmal für den Seehelden aufgestellt worden (an dessen Anblick sich die Wiener nur schwer gewöhnen konnten), aber die Adria war fern, die Küstengebiete galten noch immer als halb barbarisch, und wenn ein Marineur dienstlich in Wien zu tun hatte, dann wurde er nicht selten für einen Engländer gehalten: Die blaue Marineuniform mit den Goldborten erweckte jedenfalls kaum österreichbezogene Assoziationen.

Der Thronfolger und kaiserliche Neffe freilich, Erzherzog Franz Ferdinand, allem Neuen aufgeschlossen, dachte da anders. Der Erzherzog, ein großer Bewunderer des deutschen Kaisers Wilhelm II., übernahm auch die Vorliebe seines Vorbildes für mächtige Kriegsschiffe und versuchte, den Gedanken populär zu machen, daß die Donaumonarchie, wollte sie ihre Geltung behaupten, eine eindrucksvolle Kriegs und Handelsflotte brauche. Es mag seine große Weltreise 1892/93 auf der „Kaiserin Elisabeth" gewesen sein, die den Thronfolger für solche Gedanken aufgeschlossen machte. Der „Österreichische Flottenverein", gegründet am 18. September 1904, sollte dem Erzherzog dafür als wichtigstes Propagandainstrument dienen. Franz Ferdinand zeigte sich besonders gern in Marineuniform, war seit 1908 Protektor des Vereins und nahm diese papierene Würde überaus ernst. In einem Flottenvereinskalender der damaligen Zeit heißt es: „Flottenvereinsmitglieder, frisch zur Tat! Mit ganzer Kraft vorwärts, und der Erfolg ist unser! Österreich-Ungarn darf nicht eine Flotte haben, die zu klein zum Leben und zu groß zum Sterben ist." Es kann wohl angenommen werden, daß der erzherzogliche Admiral die Werbetexte zumindest zur Genehmigung vorgelegt bekam.

Die Zeitschriften und Bücher, die der Flottenverein veröffentlichte, sind heute gesuchte Sammelstücke, ebenso wie die unzähligen Abzeichen, Spangen und Knöpfe, die die Mitglieder zu einer der Marineuniform ähnlichen Vereinskleidung besonders gern trugen. Mehr als 40.000 Marinebegeisterte in der österreichischen Reichshälfte der Doppelmonarchie fanden sich 1914 in rund 200 Ortsgruppen des Flottenvereins zusammen. Das Flottenkino in der Mariahilfer Straße 85–87 im 6. Wiener Gemeindebezirk, einst ebenso wie das gesamte Gebäude in Vereinsbesitz, erinnert heute noch daran. Damals glanzvolle gesellschaftliche Ereignisse wie der Ball des „Österreichischen Flottenvereins" sind freilich längst Geschichte geworden. In einem Zeitungsbericht wird der erste Vereinsball im Großen Musikvereinssaal in Wien geschildert: „Die Ausschmückung der Säle, welche der bekannte Marinemaler Alexander Kircher, ein Triestiner, geleitet hatte, war vornehm und dem Charakter des Ballfestes angemessen. Die Dekoration stellte gleichsam die Geschichte der österreichischen Kriegsmarine im Bilde dar. Rings an den Wänden über den Logen hingen Marinebilder von Lorbeer umrahmt, die der Kaiser dem Marinemuseum in Pola gewidmet hat. Besondere Aufmerksamkeit erregte ein prächtiges Triptychon, ebenso wie die übrigen Bilder ein Werk Kirchers, das im Hintergrund der Patronessenestrade zu Füßen der Riesenorgel aufgestellt war, welche Flaggentücher mit den Emblemen des Flottenvereins verhüllten. Das Mittelbild stellt eine Division der ‚Viribus-Unitis'-Klasse vor, welche in der Dämmerung den Feind erwartet." Eine freilich ungewöhnliche Dekoration für einen Ball.

Militärisch-politisch gelang es in den Jahren vor dem Ersten Weltkrieg, Geldmittel für einen bescheidenen Ausbau der Flotte aufzubringen, und im Budget für 1912 sind dafür fast 180 Millionen Kronen ausgewiesen, eine Summe, die natürlich für Schiffsneubauten und die Ausgestaltung der Flottenstützpunkte verwendet werden sollte. Das Programm, das der damalige Marinekommandant Admiral Rudolf Montecuccoli ausgearbeitet hatte, sah folgende eindrucksvolle Sollstärke vor:
16 Schlachtschiffe, 12 Kreuzer, 24 Torpedobootszer-

Kreuzer „Kaiserin Elisabeth" (4.000 t). Im Jahre 1890 in Pola vom Stapel gelaufen. 1895.

störer, 72 Torpedoboote, 12 Unterseeboote und eine entsprechende Anzahl von Flußkampfschiffen – die k. u. k. Kriegsflotte! Das war ein gewaltiger Schritt, denn als Ergänzung zu den bereits vorhandenen Schiffen sollte die Donaumonarchie, um den Vorstellungen des Admirals zu entsprechen, innerhalb von vier Jahren sieben Schlachtschiffe, vier Schnellkreuzer, zahlreiche kleinere Schiffe und drei Schwimmdocks bauen. Und dafür sollten abermals weitere 312 Millionen Kronen aufgewendet werden, die freilich im Staatshaushalt nicht mehr unterzubringen waren und deshalb durch Kredite beschafft werden sollten. Entsprechende Rekrutenzahlen sollten diese imponierende Flotte künftig auch bemannen. Im Reichsrat stimmten die tschechischen Abgeordneten und die Vertreter der sozialdemokratischen Partei dagegen. Als Beispiel für die Offenheit und Schärfe, die im alten Österreich den Stil der politischen Auseinandersetzung bestimmte, sei ein Leitartikel aus der „Arbeiterzeitung" vom 4. Februar 1911 zitiert: „Dieses von Krisen zerrüttete Reich, das von zehn zu zehn Jahren programmatisch zerfällt und dann mit Listen und Kniffen zusammengehalten wird, dieser österreichische Staat, in dem der Bürgerkrieg permanent ist ... dieser Staat, der die bescheidenste Frage nicht zum Abschluß zu bringen vermag, will sich mit Schlachtschiffen einen Schein von Macht verschaffen, die ihm, der widerwilligsten Art seines Wesens zufolge, völlig versagt ist."

Die Anhänger des Flottenausbaues hingegen versuchten, in den Österreichern „vaterländische" Gefühle zu mobilisieren. Einer der Propagandaredner von damals rief seine Landsleute auf: „Österreichisches Volk, Du verbrauchst gewiß ein bis zwei Milliarden jährlich auf Alkohol und Tabak, Du mußt auch das Geld haben, Dir eine Flotte zu halten, die Dir Seegeltung verschafft, die Österreich als Staat

Triest; Kreuzer „Kaiserin Elisabeth". Einschiffung Erzherzog Franz Ferdinands zu seiner Weltreise. 15. 12. 1892.

bündnisfähig macht und Deinen Außenhandel und Deine Küste schützt."
Vergleicht man die Flottenpropaganda im damaligen wilhelminischen Deutschland mit der Werbung des „Österreichischen Flottenvereins" für den Ausbau der k. u. k. Kriegsmarine, so fällt auf, daß der deutsche Bundesgenosse immer wieder den Ausbau der schwarz-weiß-roten Flotte mit dem Argument forderte, man müsse Großbritannien, der damaligen Seeweltmacht Nummer eins, ebenbürtig werden, während der „Österreichische Flottenverein" niemals radikale antiitalienische Äußerungen vernehmen ließ. Das Mitteilungsblatt des Vereins, „Die Flagge", betonte in zahlreichen Artikeln vielmehr stets die Notwendigkeit einer starken vereinigten österreichisch-italienischen Seemacht im Mittelmeer, um das Festsetzen anderer Mächte, besonders Rußlands, zu verhindern. Im Jahr 1913 wurde sogar ein gemeinsames Flottenabkommen beschlossen, das im Ernstfall die im Mittelmeer befindlichen österreichisch-ungarischen, italienischen und deutschen Kriegsschiffe unter gemeinsames österreichisches Kommando stellen sollte. Die Verbundenheit der beiden Kriegsmarinen war übrigens auch der Grund für häufige Auseinandersetzungen zwischen Generalstabschef Franz Conrad von Hötzendorf und Marinekommandant Admiral Anton Haus, wobei der General dem Admiral vorwarf, die Freundschaft zu den Italienern manchmal zu überschätzen und die Geheimhaltung zu vernachlässigen.

Haus war es auch, der die Parlamente der beiden Reichshälften und die gemeinsame Regierung darauf hinwies, er finde mit den seinem Vorgänger Montecuccoli zur Verfügung gestellten Geldmitteln nicht mehr das Auslangen. Die veraltete „Monarch"-Schiffsklasse müsse endlich ebenso ersetzt werden wie zahlreiche andere unmoderne Schiffstypen, außerdem zwinge die unsichere Lage auf dem Balkan zur Modernisierung der Kriegsmarine. Und so lag innerhalb weniger Jahre ein zweites Flottenbauprogramm auf den Schreibtischen der für die Geschicke der Donaumonarchie verantwortlichen Männer: Die Marine forderte nun abermals fast 427 Millionen Kronen, aufzubringen mit Krediten bis zum Jahr 1918. Der wichtigste Punkt war der Bau von vier modernen Schlachtschiffen als Ersatz für die längst unmoderne „Monarch"-Klasse, also

Kreuzer „Kaiserin Elisabeth".
Kadettenmesse.

von Schiffen, die nach den Bestimmungen des Flottenabkommens von 1913 nur mehr für einen beschränkten Küstenschutz verwendbar waren; der Neubau schneller Kreuzer sollte dem Mangel an einem Schiffstyp abhelfen, der für eine moderne Seestrategie unentbehrlich war und der, zunächst nur für Aufklärungszwecke gedacht, immer mehr zum Träger des modernen Seekrieges werden sollte.

Mit großer Spannung wartete die Industrie der beiden Reichshälften auf die Genehmigung des Ausbauplanes für die Flotte, da ja zusätzlich auch reichlich Geld für die Landbauten sowie für das Radio- und Flugwesen vorgesehen war. Die unter Investierung ungeheurer Summen aus dem Boden gestampfte ungarische Schwerindustrie beanspruchte fast die Hälfte der Lieferungen für sich, obwohl ihre Leistungsfähigkeit dazu ganz und gar nicht ausreichte. Welche Unternehmungen waren denn überhaupt in der Lage, die neuen Kriegsschiffe zu bauen? Schon bei der Verteilung des Flottenkredits von 1911 hatte man sich entschlossen, die Aufträge womöglich zur Gänze der heimischen Privatindustrie zu übergeben. Die Marinewerft, also das Seearsenal in Pola, sollte keine Schiffe mehr auf Stapel legen. Die beiden leistungsfähigsten Privatwerften waren das „Stabilimento tecnico Triestino" in der Bucht von Muggia, am Hafen von Triest, und der „Cantiere navale Triestino" in Monfalcone. Vor allem das „Stabilimento", wie es allgemein nur genannt wurde, hatte bereits große Erfahrung im Kriegsschiffbau sammeln können, und auch die noch junge Werft in Monfalcone hatte sämtliche ihr übertragenen Marineaufträge zur vollen Zufriedenheit der Fachleute der Marinesektion des Kriegsministeriums ausgeführt. Das ungarische Schiffbauunternehmen, dem das Flottenbauprogramm nun zu einem überraschenden Aufschwung verhelfen sollte, war die Danubiuswerft in Fiume. (Ungarns gesamte Meeresküste, nur aus dem Hafen Fiume bestehend, war ganze vier Kilometer lang! Die südöstlichen Hafen- und Stadtteile, Sušak, gehörten bereits zum Königreich Kroatien-Slawonien, waren also nicht mehr Ungarn im engeren Sinn.) Da aber zum ungarischen Selbstbewußtsein auch der Besitz einer Großschiffswerft gehörte, wurde in der Nordwest-Vorstadt von Fiume ein solches Unternehmen mit ungeheurem Geldaufwand auf mächtigen, in See vorgetriebenen Fundamenten errichtet. Freilich

Triest; Stapellauf des Schlachtschiffes „Budapest". „Festplatz"-Atmosphäre, im Vordergrund musiziert eine Infanterie-Musikkapelle. 27. 4. 1896.

Oben: Pola, Seearsenal. Stapellauf des Kreuzers „Aspern". 3. 5. 1899.

Links: Kleiner Kreuzer „Aspern" (2.456 t) vor Pola. Im Jahre 1899 in Pola vom Stapel gelaufen.

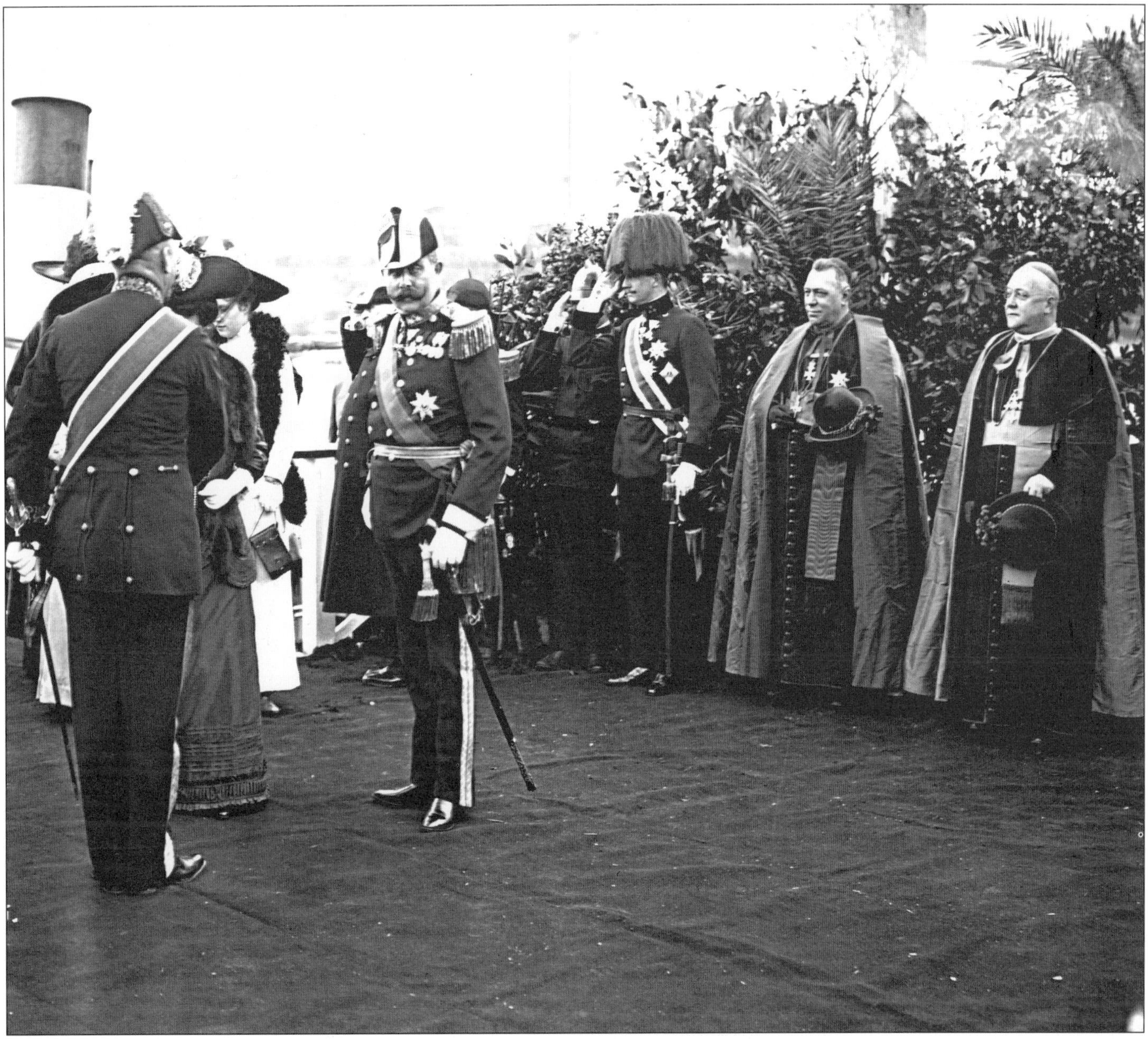

Oben: Triest. Stapellauf des Schlachtschiffes „Tegetthoff". Erzherzog Franz Ferdinand trifft mit Begleitung in der Werft ein. 21. 3. 1912.

Eintrittskarte

zur Taufe und Stapellassung S. M. Kreuzers „Novara"
auf der Werfte „Danubius" in Bergudi am 15. Februar 1913
um 9 Uhr vormittags

für ....

Diese Karte gilt auch für die Familienangehörigen.
Militär: Paradeadjustierung mit Dienstesabzeichen.
Zivil: Frack oder Nationalkostüm; - Damen Promenadetoilette.
Der Eintritt in die Werfte erfolgt bis 8 Uhr 30 Minuten vormittags und findet der Zugang nur vom Lande aus statt.

242

„URANIA", FIUME.

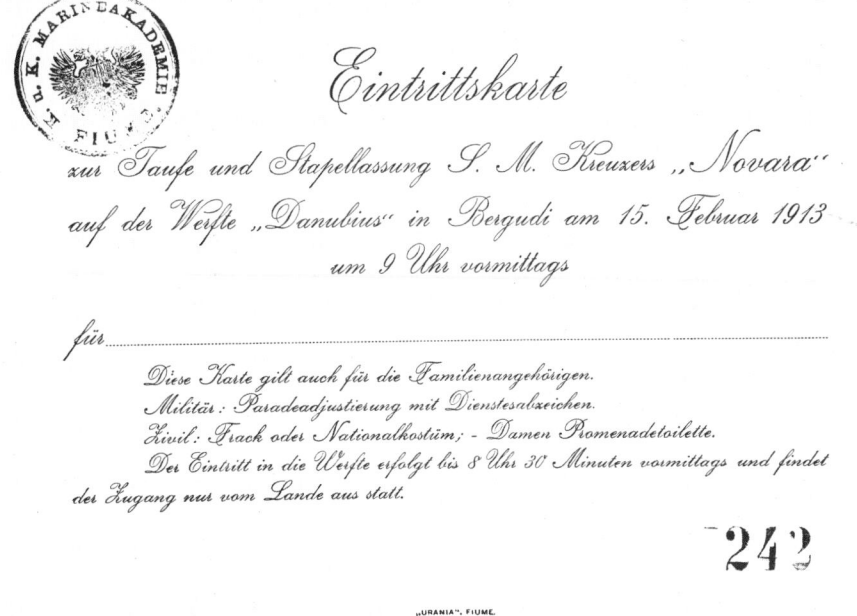

Rechts: Eintrittskarte für den Stapellauf des Kreuzers „Novara" am 15. 2. 1913.

Österreichischer Flottenverein

Unter dem höchsten Protektorate Seiner k. und k. Hoheit des durchlauchtigsten Herrn Erzherzogs Franz Ferdinand

Präsidium des ständigen Festkomitees für Zwecke des österreichischen Flottenvereines

Ehrenkarte

zu der Montag, den 16. Februar 1914 im grossen Konzerthaussaale stattfindenden

Rot-weiss-roten Redoute

Für _____

(Diese Ehrenkarte gilt auch für die Damen der Familie)

Damen: Domino oder Balltoilette mit Maske. Herren: Frack.

Beginn: 9 Uhr

Komiteelokal Hotel Imperial, I. Kärntnerring vom 10.–16. Februar 1914 (11–1 Uhr vorm., 4–7 Uhr nachm.)

LITH. PAUL GERIN WIEN R.

Oben: Ehrenkarte für die „Rot-weiss-rote Redoute" des Österreichischen Flottenvereins (16. 2. 1914 im Konzerthaussaal in Wien).

Linke Seite oben: Schlachtschiff „Radetzky" (14.500 t) in England. Im Jahre 1909 in Triest vom Stapel gelaufen. 1911.

Links: Fiume; Stapellauf des Schlachtschiffes „Szent István". 15. 1. 1914.

Rechts: Werbepostkarte für die „Rot-weiss-rote Redoute".

fehlte es weiterhin an technischen Einrichtungen und an geschulten Arbeitern ebenso wie an planmäßiger Organisation; von rechtzeitiger Ablieferung der Schiffe war keine Rede. Während die drei im „Stabilimento" gebauten Großkampfschiffe „Viribus Unitis", „Tegetthoff" und „Prinz Eugen" termingerecht 1911 und 1912 vom Stapel liefen, war der 1912 von der ungarischen Danubiuswerft begonnene „Szent István" bei Kriegsbeginn längst noch nicht fertig ausgerüstet.(Das Schiff hatte nur den ungarischen Namen zu führen; wurde im amtlichen Schriftverkehr stattdessen auch nur einmal „Sankt Stefan" geschrieben, hatte das sofort dringliche Anfragen ungarischer Abgeordneter im Budapester Parlament zur Folge!) Der „Szent István" mußte also bei Kriegsbeginn aus dem ungeschützten Hafen von Fiume, wo er der Gefahr feindlicher Angriffe ausgesetzt war, in den Hauptkriegshafen Pola geschleppt werden. Erst dort wurde das Schiff im Seearsenal fertig ausgerüstet, von der Marine 1915 übernommen und in Dienst gestellt.

Die „Schacherei", wie der verärgerte Thronfolger Franz Ferdinand den Streit um die Aufteilung der Marineaufträge bezeichnete, wurde schließlich so gelöst, daß Arbeiten im Wert von rund 256 Millionen Kronen an Unternehmungen in der österreichischen, Aufträge von rund 152 Millionen Kronen an Unternehmungen in der ungarischen Reichshälfte vergeben wurden. Die Marineleitung mußte freilich die österreichische Industrie zusätzlich vertraglich verpflichten, große Mengen von Halb- und Ganzfabrikaten aus den Ländern der ungarischen Krone zu beziehen.

Reichstag, Presse und Öffentlichkeit standen nunmehr dem Flottenausbau und der Marine wohlwollend gegenüber; die Tätigkeit des „Österreichischen Flottenvereins" begann sich auszuwirken. So meinte der tschechische Reichsratsabgeordnete Udržal, die der Marine vorzustreckenden Geldmittel seien wohl ungeheuer hoch, „aber wenn es uns gelänge, mit Hilfe der Marine unsere österreichischen Kleinlichkeiten in der Beurteilung nationaler Fragen zu beseitigen, ... dann würde ich diese großen Ausgaben trotz unserer wirtschaftlichen Not als begründet ansehen." Der mährische Abgeordnete Kadlčak räumte ein: „Auch ich war kein Freund, ja ein ausgesprochener Feind der Schinakel, denn wir sind ja kein Seestaat. Als ich mir aber die Sache da unten in Dalmatien, Albanien und Griechenland usw. angesehen, mich in der Welt umgeschaut, auch unsere Kaufleute, unsere Exporteure und unsere Industriellen gehört habe, bin ich zu einer anderen Ansicht gekommen. Ich bekenne mich heute als bekehrt."

Der Sozialdemokrat Leuthner sprach sich gegen die Bewilligung der Marineforderungen aus und verwendete zur Begründung seiner Ausführung Argumente, die von ungewöhnlichem strategischem Weitblick und realistischem Denken zeugten. Wenige Wochen vor Ausbruch des Ersten Weltkrieges sagte Leuthner eine Entwicklung voraus, mit der die Admirale in allen Ländern damals nie gerechnet hatten. Leuthner erklärte: „Es sei vielleicht die Zeit nicht fern, wo wir von unseren Mammutschiffen wieder zu kleineren Schiffen übergehen werden", die Hauptlast eines Zukunftskrieges zur See würden die kleinen Schiffseinheiten, die Kreuzer, die Torpedoboote und vielleicht, aber darüber könne man ja noch nichts sagen, die Unterseeboote tragen. Leuthners warnende Stimme änderte nichts daran, daß die Pläne des Marinekommandanten in Wien und in Budapest mit großer Zustimmung, ja sogar mit „Eljen"-Rufen angenommen wurden; der ungarische Parlamentsabgeordnete Heltai konnte unter lautem Beifall erklären: „Ein starkes Heer und eine starke Flotte seien auch Existenzinteressen der ungarischen Nation."

Im Mai 1914 hatten die Kreditwünsche des Marinekommandanten also ohne größeren Widerstand im Parlament Gehör gefunden, aber nur wenige Monate später, der Erste Weltkrieg war bereits im Gang, mußte Marine- und Flottenkommandant Admiral Haus seine Vorstellungen überdenken. Hatte Haus wenige Monate vorher Kritiker am Flottenbauprogramm noch mit freundlicher Ironie bedacht, so schreibt er in einer undatierten Bleistiftnotiz im Spätherbst 1914 am Rand von Überlegungen eines seiner Mitarbeiter zum künftigen weiteren Flottenausbau für eine aus einem sicherlich kurzen Krieg gestärkt hervorgehende Donaumonarchie folgende

Schlachtschiff „Erzherzog Franz Ferdinand" (14.500 t) auf Probefahrt, noch ohne schwere Artillerie. Im Jahre 1908 in Triest vom Stapel gelaufen.

prophetischen Sätze: „Was bisher geschehen, ist nur Kleinkrieg und Kreuzerkrieg. Niemand weiß, was er bringen wird. Niemand weiß, in welcher Lage unsere Monarchie am Ende des Krieges sein, was von unserer Marine noch übrigbleiben wird und was wir dann brauchen werden."

Woran es der Flotte freilich schon vor dem Krieg fehlte, und dieser Mangel sollte sich während der Kriegsjahre bitter bemerkbar machen, waren Unterseeboote und Flugzeuge. Mag sein, daß es Admiral Haus für diese Art technischen Geräts an jeglichem Verständnis mangelte, denn noch wenige Wochen vor Ausbruch des Ersten Weltkrieges verfügte die Donaumonarchie nur über sechs einsatzfähige Unterseeboote. Ein weiteres Boot – das spätere „U 12", war von der „Whitehead"-Werft in Fiume auf eigenes Risiko gebaut, von der Marineverwaltung jedoch erst nach vielen Probefahrten gekauft worden. Falsch wäre es, den Schluß zu ziehen, Österreich-Ungarn hätte in den letzten drei Friedensjahren auf einmal für seine Kriegsflotte einen außerordentlich hohen Aufwand getrieben, um mit den großen Seemächten in Wettbewerb zu treten. Die Anstrengungen waren nur im Vergleich zu der früheren Vernachlässigung der Bedürfnisse der k. u. k. Kriegsmarine ungewöhnlich stark. Denn auch im letzten Friedensjahr 1913 betrugen die Pro-Kopf-Ausgaben für die Kriegsflotte zwar in Großbritannien 24 Kronen, in Frankreich 12, in Deutschland 8, in Italien 7, in Österreich-Ungarn dagegen nur 3 Kronen.

Der erzherzogliche Admiral hätte das gewiß geändert, wäre er Kaiser geworden. Die Geschichte wollte es anders. Nach dem Attentat von Sarajevo am 28. Juni 1914 war für die österreichische Marine eine große Hoffnung vorbei. Sie konnte ihrem Förderer nur noch ein würdiges Geleit geben. Am 1. Juli 1914 passierte das Flaggenschiff „Viribus Unitis" mit den Särgen des Thronfolgers und der Herzogin von Hohenberg an Bord die Küste Istriens. Schwarze Flaggen waren in den Dörfern gehißt, die Bevölkerung stand schweigend am Ufer und an den Kaianlagen. Am Morgen des 2. Juli 1914 wurden die Särge in Triest von Bord des Schlachtschiffes an Land gebracht. Nochmals versah die Marine, gemeinsam mit Kameraden des Landheeres, den Ehrendienst. Dann verließ der Sonderzug mit den beiden ersten Toten des Weltkrieges den Südbahnhof der Hafenstadt.

Oben: Admiral Erzherzog Franz Ferdinand eröffnet die „Österreichische Adria-Ausstellung" in Wien. 1913.

Links: Erzherzog Franz Ferdinand im Gespräch mit dem Marinekommandanten Admiral Montecuccoli.

Rechts: Erzherzog Franz Ferdinand, Thronfolger und eifrigster Förderer der österreichischen Flotte (13. 12. 1863/Graz — 28. 6. 1914/Sarajevo).

Oben: Pola; Erzherzog Franz Ferdinand und Admiral Montecuccoli inspizieren ein Schlachtschiff.

Rechts: Erzherzog Franz Ferdinand mit Familie.

Einladung

zum *Déjeuner* bei Sr. k. u. k. Hoheit dem durchlauchtigsten

Herrn Erzherzog Franz Ferdinand

und

Ihrer Hoheit der durchl. Frau Herzogin von Hohenberg

in *Miramar*, am Freitag den *27. März 1914* um *1* Uhr

für Ihre Hochgeboren *Vilma Gräfin Lanjus*

Die Herren vom Militär erscheinen

Die Herren vom Zivil erscheinen

Sitz-Liste

Déjeuner am 27. März 1914.

Baron Morsey

Oberst Dr. Bardolff	Graf van der Straten
Kapitän zur See von Karpf	Leibarzt Ob.-St.-Arzt Dr. v. Niedner
Konter-Admiral Freih. v. Koudelka	Polizei-Präs. Hofrat v. Manussi
Wirkl. Geh. Rat Exzell. v. Treutler	General à la S. G.-Lt. v. Chelius
Exzellenz Baron Locatelli	Baron Imhof
Gen.-Adj. Gen.-Oberst Exz. v. Kessel	Gen.-Adj. G. d. I. Exz. v. Lyncker
Palastdame Baronin Locatelli	Frau Oberst Bardolff
Seine Kaiserliche Hoheit	Fürst Max
	Prinzessin Sophie
Seine Majestät	Prinz Ernst
Ihre Hoheit	Gräfin Lanjus
Gen.-Adj. Gen.-Oberst Exz. v. Plessen	Gen.-Adj. Adm. Exz. v. Müller
Durchlaucht Prinz Hohenlohe	Konter-Admiral Löfler
Chef d. Geh. Z. K. Exz. v. Valentini	Konter-Admiral Souchon
Generalmajor Edler v. Hinke	Fregatten-Kapitän Schmidt
Hofmarschall Graf v. Platen	Flüg.-Adj. Korv.-Kap. v. Paleske
Obersthofmeister Baron Rumerskirch	Korvetten-Kapitän Uhlíř

Marine-Attaché Korv.-Kapt. Freih. v. Freyberg

↑
Eingang

Déjeuner
du 27 Mars 1914.

Consommé
Filets de branzino Marinière
Selle de veau Montensier
Caneton de Nantes à la Newa
Bécasses rôtis sur croutons
Salade   Compote
Asperges Hollandaise
Glace Miramar
Pâtisserie
Savoury
Fruits
Dessert

PROGRAMM

MIRAMAR, AM 27. MÄRZ 1914.

1. *Fučik:*   »*Unter der Admiralsflagge*«, Marsch.
2. *Lehár:*   »*Eva*«, Walzer aus der gleichnamigen Operette.
3. *Puccini:*   Fantasie aus der Oper »*Madame Butterfly*«.
4. *Trade:*   »*La Paloma*«, Serenade.
5. *Komzák:*   »*Pikante Blätter*«, Potpourri.
6. *Gilbert:*   »*Puppchen, du bist mein Augenstern*«, Marsch.
   Intermezzo aus der Posse »*Puppchen*«.
7. *Panoch:*   »*Lacroma*«, Walzer.
8. *Lindemann:*   »*Im Kientopp*«, Potpourri.

Oben links: Speisenfolge für das Déjeuner in Miramar.
Oben rechts: Musikprogramm für das Déjeuner in Miramar.

Linke Seite oben: Einladung zum Déjeuner in Miramar. 27. 3. 1914.
Links: Sitzliste für das Déjeuner in Miramar.

Linke Seite oben: Die deutsche kaiserliche Yacht „Hohenzollern" trifft vor Miramar ein. 27. 3. 1914.

Links: Der deutsche Kaiser, Erzherzog Franz Ferdinand (mit Familie) und Begleitung stellen sich für ein Erinnerungsphoto auf. 27. 3. 1914.

Oben: Miramar; der deutsche Kaiser Wilhelm II. im Gespräch mit Erzherzog Franz Ferdinand (in deutscher Admiralsuniform). 27. 3. 1914.

158

Linke Seite oben: Metcovich; Transport der Särge der beiden Toten von Sarajevo durch Matrosen zur Yacht „Dalmat". 30. 6. 1914.
Links: Schlachtschiff „Viribus Unitis" im Trauerkondukt der Flotte auf der Fahrt nach Triest. 30. 6. 1914.
Ganz oben: Triest; Ausschiffung der Särge und Transport zur Piazza Grande.
Oben: Triest; der Trauerzug setzt sich Richtung Bahnhof in Bewegung. Neben den Leichenwagen Marineunteroffiziere als Bedeckung, dahinter die Abordnung der Marine-, Heeres- und Verwaltungsbehörden.

KRISEN, WELTKRIEG, LIQUIDATION
Das Ende der österreichisch-ungarischen Kriegsmarine

Die Jahrzehnte nach Lissa brachten für die Marine friedliche Aufbauarbeit, denn die militärische Bewährung, auf die viele hofften, ließ auf sich warten. Es war die Ära der großen Schiffstechniker in der Marine, die Zeit, als die Dampfmaschine als Antrieb perfektioniert und immer stärkere Geschütze mit immer größerer Tragweite konstruiert wurden. Gewiß, die Schiffsbauten der achtziger Jahre trugen noch immer den Rammsporn, da die zum Sieg führenden Rammstöße Tegetthoffs 1866 in der Schlacht von Lissa die Marinetaktik in allen Ländern beeinflußt, ja sogar in die Irre geführt hatten.

Das Aussehen der Kriegsschiffe veränderte sich in diesen Jahren entscheidend: Die romantische Segelschiffzeit war endgültig vorbei, die Maschinen waren nicht mehr nur Hilfsmaschinen für die Zeit der Windstille, sondern der alleinige Antrieb der Kriegsschiffe, deren damals entstehende Gestaltung aus Geschütztürmen, Aufbauten und Rauchfängen die Silhouette der Kriegsschiffe bis in unsere Zeit bestimmt.

Immer wieder aber gab es in den Jahrzehnten vor dem Ersten Weltkrieg Marineeinsätze, die den Dienstalltag auf aufregende Weise unterbrachen. In den neunziger Jahren des vorigen Jahrhunderts war Südosteuropa ein ständiger Krisenherd, von dem die Großmächte von damals mit Sorge den Ausbruch eines offenen Konflikts erwarteten, den sie unter Anwendung aller diplomatisch-militärischen Mittel zu vermeiden suchten.

Die Insel Kreta, am Südende der Ägäis, mit ihrer türkisch-griechischen Bevölkerung, stand damals noch unter türkischer Oberhoheit, die Sehnsucht der Inselgriechen nach Vereinigung mit dem Mutterland schuf mehr als einmal eine gefährliche Situation, die leicht zum Ausbruch eines griechisch-türkischen Krieges hätte führen können. 1886 mußten österreichisch-ungarische, deutsche, britische und italienische Kriegsschiffe gemeinsam vor Kreta kreuzen, um Griechenland vom Krieg mit dem Sultan abzuhalten. 1897 freilich brach der Aufruhr offen aus: Bewaffnete Terrorbanden ermordeten unter dem Vorwand, die Vereinigung mit Griechenland nun gewaltsam durchführen zu wollen, Tausende Unschuldige. Österreichische Kriegsschiffe evakuierten viele Flüchtlinge griechischer Nationalität, aber wirklich brisant wurde die Situation erst durch die Landung griechischer Truppen. Wieder mußte eine internationale Flottenabteilung aus österreichischen, italienischen, deutschen, englischen, französischen und russischen Kriegsschiffen, diesmal unter dem Kommando des österreichischen Konteradmirals Hinke, durch eine Seeblockade der Insel für Ordnung sorgen und das eingreifbereite Griechenland von militärischen Aktionen abhalten, notfalls mit Gewalt. Durch viele Jahre sollte die „Kreta-Frage" noch die europäische Politik beeinflussen, bis die Insel 1913 endgültig Griechenland zugesprochen wurde. Was die Österreicher damals zu tun hatten, nennt man in unseren Tagen „friedenserhaltende Maßnahmen", eine Tätigkeit, die österreichische Soldaten auch heute noch im Dienst der Vereinten Nationen an den Brennpunkten des Nahost-Geschehens ausüben.

Der Einsatz österreichischer Kriegsschiffe und österreichischer Matrosen im Fernen Osten war dagegen nicht eben „friedenserhaltend". Im Jahr 1900 war in China der „Boxeraufstand" ausgebrochen, der Versuch einer radikalen, fremdenfeindlichen Untergrundorganisation, das schwach gewordene „Reich der Mitte" vom Einfluß der „Fremden Teufel" zu befreien. Der internationalen Streitmacht, die diesen Aufstand bekämpfen sollte, mußten sich, schon um Solidarität mit den anderen Großmächten zu zeigen, auch die Österreicher anschließen; eine österreichische Eskader wurde nach Ostasien in Marsch gesetzt, und an den Kämpfen in Peking war auch eine österreichische Matrosenabteilung beteiligt, die, zusammen mit anderen Detachements, das Gesandtschaftsviertel der chinesischen Hauptstadt Peking zu verteidigen hatte. Die Österreicher gerieten dabei in den Brennpunkt der Kämpfe, ihre Verluste waren groß: Schon in den ersten Tagen der Belage-

Oben: Panzerkreuzer „Maria Theresia" (5.200 t) vor dem Seearsenal in Pola. Im Jahre 1893 in Triest vom Stapel gelaufen. 1895.

Rechts: an Bord des Panzerkreuzers „Maria Theresia" in Canea. Von links nach rechts: Linienschiffsleutnant Hermann Janetti, Korvettenkapitän Alois Edler von Kunsti, Konteradmiral Johann Edler von Hinke (Eskaderkommandant), Linienschiffskapitän Gustav Ritter von Brosch. 10. 8. 1897.

Feldmesse im Kasernenhof
von Suda. 1896.

rung des Gesandtschaftsviertels durch die Boxer fielen drei Matrosen, und am 8. Juli kam Fregattenkapitän Eduard Thomann Edler von Montalmar, Kommandant des Kreuzers „Zenta", der auch das Kommando über die österreichischen Matrosen in Peking führte, durch einen Granatsplitter ums Leben. Insgesamt fielen sieben Österreicher im Kampf gegen die Boxer, sechs weitere starben an Verwundungen oder Krankheiten. Die Gräber der Toten von Peking haben allem Anschein nach die Stürme der jüngsten Geschichte in China einigermaßen heil überstanden, doch sind sie trotz mancher Bemühungen nicht zugänglich. Das frühere österreichisch-ungarische Gesandtschaftsgebäude in der chinesischen Hauptstadt dient heute einem wissenschaftlichen Institut als Unterkunft, Gebäude und Park, in dem sich eine kleine Kapelle zum Andenken an die gefallenen österreichischen Seeleute befindet, können derzeit aber nicht besichtigt werden. Ein weiteres Denkmal für die in China gefallenen oder verstorbenen Österreicher war der 1936 auf dem Friedhof von Peking errichtete Obelisk. Die darauf angebrachte Inschrift lautete: „Österreichs Toten in Chinas Erde, Taku, Tientsin, Peiping 1900. Tsingtau 1914." Dieses Denkmal dürfte die Wirren des Bürgerkriegs und der Kulturrevolution nicht überstanden haben. Die österreichische Kriegsflagge wehte noch bis 1917 über chinesischem Gebiet. Das österreichische Stationsschiff in Ostasien, S. M. S „Kaiserin Elisabeth", kämpfte 1914 zusammen mit den deutschen Verteidigern der Kolonie Kiautschou gegen die Japaner und wurde schließlich am 1. November von seiner Besatzung selbst versenkt, Offiziere und Matrosen gingen in japanische Kriegsgefangenschaft; die Matrosenabteilung, die die österreichisch-ungarische Gesandtschaft in Peking zu bewachen hatte, erlitt 1917, beim Kriegseintritt Chinas, ein ähnliches Schicksal; sie wurde von den Chinesen interniert. Die Bürokratie freilich pflegt alle welthistorischen Änderungen zu überdauern, und so amtierten noch 1920 ein Marineoffizier und ein Marineverwaltungsbeamter in Peking, um die Gesandtschaftswache ordnungsgemäß aufzulösen und die Gebäude zu übergeben.

Österreichische, türkische und russische Marineoffiziere vor dem Fort Izzedin. 1896.

Hatte Österreich-Ungarn im Fernen Osten kaum eigene Interessen zu schützen, so verfolgte es die Lage auf dem Balkan am Vorabend des Ersten Weltkrieges mit besonderer Aufmerksamkeit. Immer wieder hatten k. u. k. Kriegsschiffe, zusammen mit Schiffen anderer Mächte, demonstrativ das Interesse der Donaumonarchie an der aktuellen Entwicklung in ihrem „Vorfeld" zu zeigen. Im Frühjahr 1913 stand die kleine nordalbanische Stadt Skutari im Brennpunkt des Geschehens. Im Zuge der gewaltsamen Aufteilung des türkischen Erbes im Südosten Europas weigerte sich Montenegro, die Stadt dem neugeschaffenen albanischen Staat zu überlassen. Das kleine Königreich mußte erst durch eine Flottendemonstration österreichischer, deutscher, italienischer, britischer und französischer Kriegsschiffe gezwungen werden, Skutari den Großmächten zu übergeben, die die Stadt dann schrittweise unter albanische Verwaltung stellten.

Das alles freilich war nicht der Ernstfall, für den Matrosen und Offiziere ausgebildet waren. Der aber trat nach dem Thronfolgermord von Sarajevo am 28. Juni 1914 ein; nun überstürzten sich die Ereignisse. Am 18. Juli wurde die Marine mobilisiert; die 16 Schlachtschiffe von allerdings sehr ungleichem Kampfwert, die 14 Kreuzer, die 106 Zerstörer und Torpedoboote, die 21 Seeflugzeuge, die sechs Unterseeboote und die Donauflottille machten nun Dienst unter kriegsmäßigen Bedingungen. Eine eindrucksvolle Streitmacht zwar, aber doch veraltet, was auch der frische Anstrich (das dunkle Graugrün war im letzten Friedensjahr durch Hellgrau ersetzt worden, wie es auch die deutschen Kriegsschiffe trugen) nicht verbergen konnte. Die Neutralitätserklärung Italiens trug zusätzlich dazu bei, daß die österreichischen Seeleute gegenüber den vereinigten britisch-französischen Seestreitkräften im Mittelmeer zunächst das Gefühl einer gewissen Unterlegenheit hatten. An offensives Vorgehen war nicht zu denken, aber wenigstens die Adriaküste mußte freigehalten, die Schiffsverbindungen entlang dieser Küste mußten geschützt werden.

Der Seekrieg begann für die Österreicher ganz anders, als sie, die Erben Tegetthoffs, es eigentlich er-

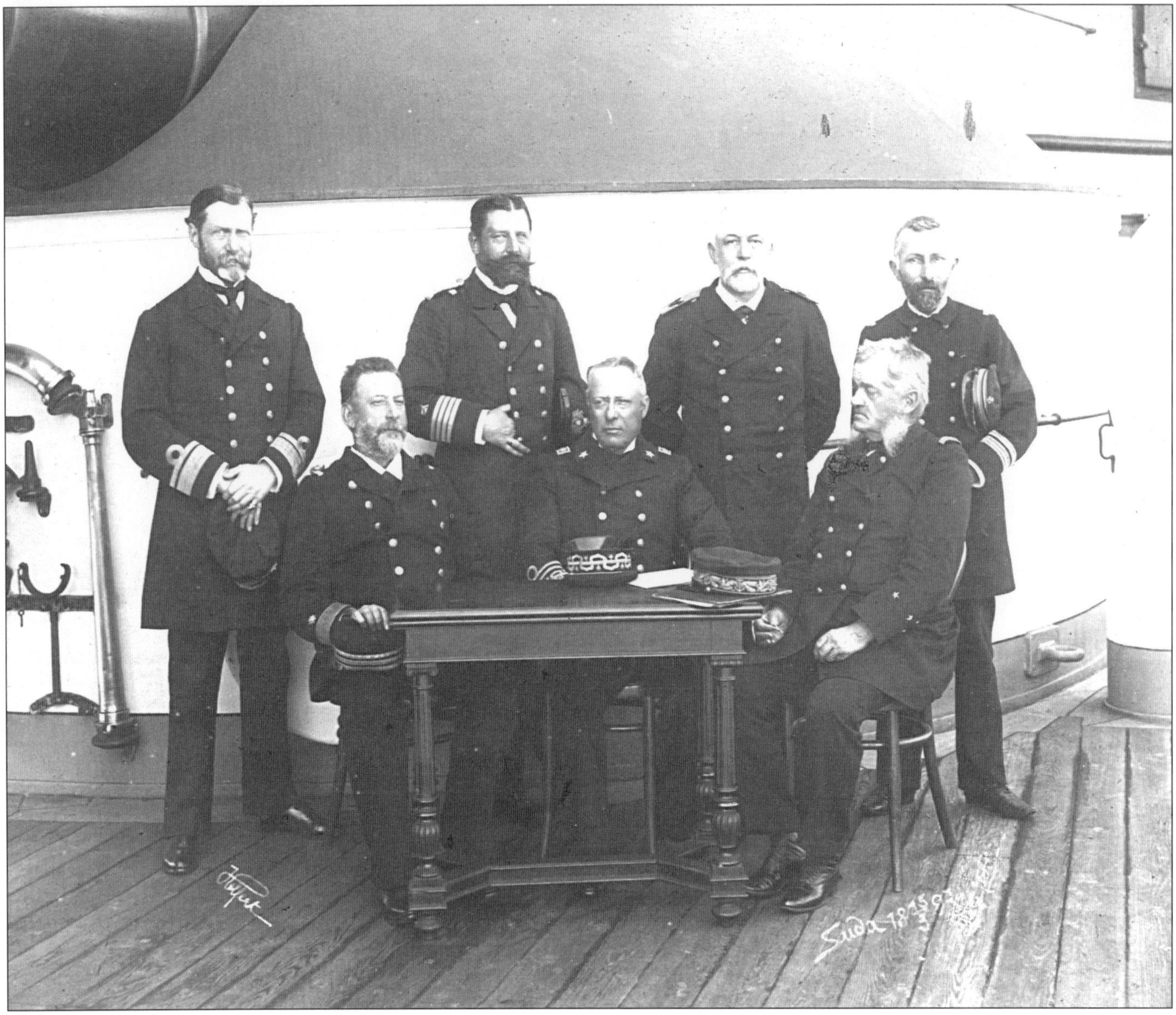
Suda

Hafen von Canea
Kaserne in Suda
K. u. K. Consulat in Halepa
Kaserne in Canea
S.M. Schiff Kaiserin und Königin Maria Theresia
Erinnerung an die Geburtstagsfeier S.M. des Kaisers u. Königs
FRANZ JOSEF I. in Canea am 18. August 1897.

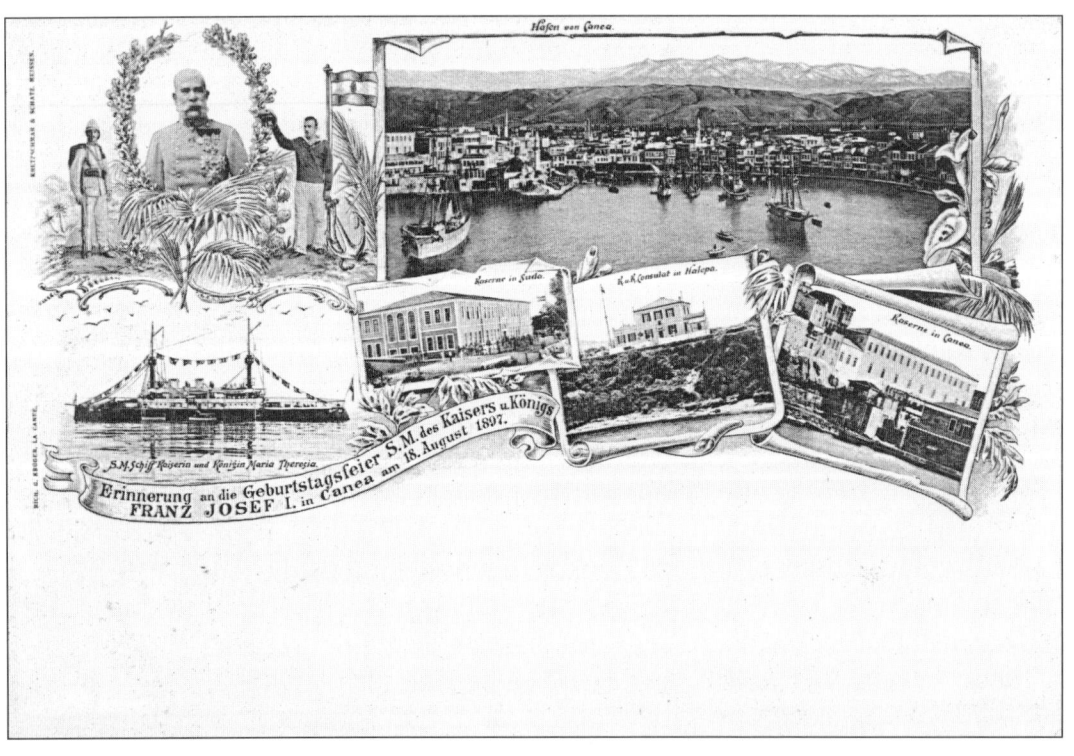

Oben: Kleiner Kreuzer „Zenta" (2.300 t) in Pola. Im Jahre 1897 in Pola vom Stapel gelaufen. 1899—1901 in Ostasien, Teilnahme an der Bekämpfung des Boxeraufstandes. 1899.

Linke Seite oben: die Eskaderkommandanten der internationalen Flotte an Bord des k u. k. Panzerkreuzers „Maria Theresia" (zweiter von links der österreichische Konteradmiral Hinke). 15. 3. 1897.

Links: Erinnerungspostkarte zu Kaisers Geburtstag in Canea. 18. 8. 1897.

Oben: Kreuzer „Zenta"; der Schiffsstab mit dem Kommandanten Fregattenkapitän Eduard Thomann von Montalmar (Mitte). Thomann und drei Matrosen fielen während des Boxeraufstandes in Peking. Shanghai 1900.

Links: Peking; die ausgebrannte Ruine der österreichischen Gesandtschaft. 1901.

Rechte Seite oben: Tientsin; das „Zenta"-Detachement. 1901.

Rechts: Menü und Musikprogramm zu Ehren des Konteradmirals Rudolf Graf Montecuccoli. Shanghai, 18. 2. 1901.

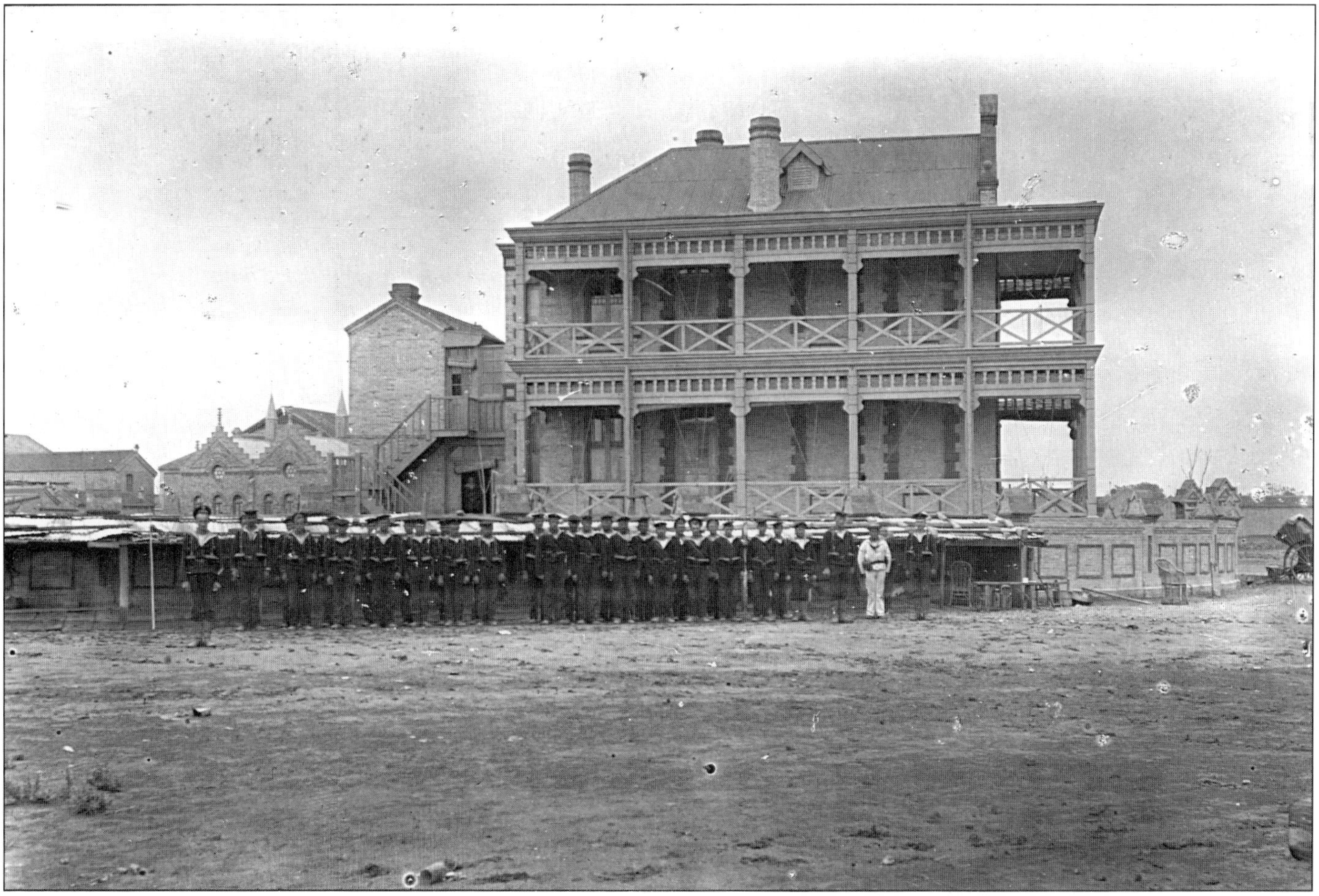

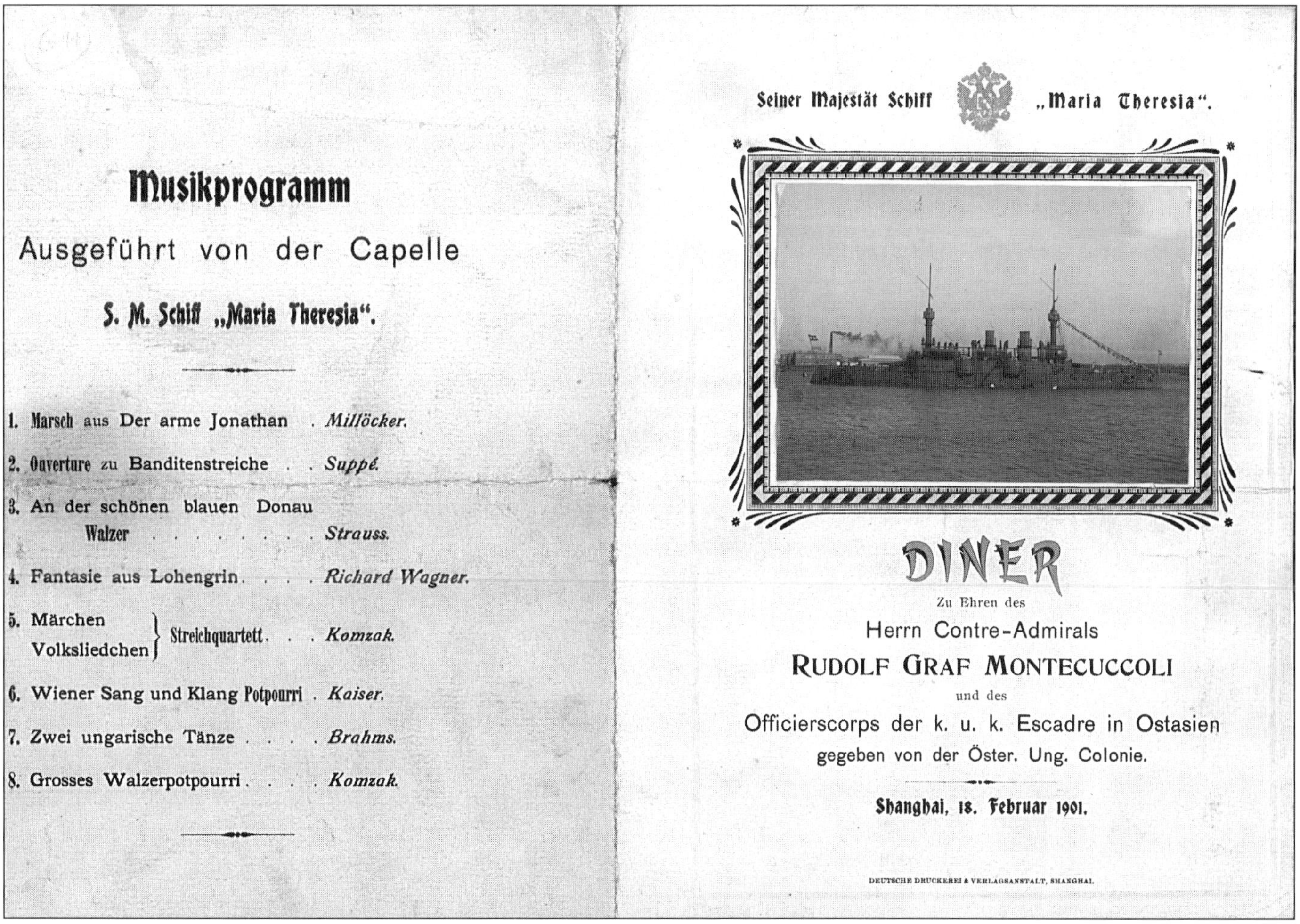

Musikprogramm

Ausgeführt von der Capelle

S. M. Schiff „Maria Theresia".

1. Marsch aus Der arme Jonathan . *Millöcker.*
2. Ouverture zu Banditenstreiche . . *Suppé.*
3. An der schönen blauen Donau Walzer . . . . . . *Strauss.*
4. Fantasie aus Lohengrin . . . *Richard Wagner.*
5. Märchen } Streichquartett . . *Komzak.*
   Volksliedchen
6. Wiener Sang und Klang Potpourri . *Kaiser.*
7. Zwei ungarische Tänze . . . . *Brahms.*
8. Grosses Walzerpotpourri . . . *Komzak.*

Seiner Majestät Schiff „Maria Theresia".

DINER

Zu Ehren des

Herrn Contre-Admirals

RUDOLF GRAF MONTECUCCOLI

und des

Officierscorps der k. u. k. Escadre in Ostasien

gegeben von der Öster. Ung. Colonie.

Shanghai, 18. Februar 1901.

DEUTSCHE DRUCKEREI & VERLAGSANSTALT, SHANGHAI.

wartet hatten: Am 13. August 1914 lief der Passagierdampfer „Baron Gautsch", eines der modernsten Schiffe des Österreichischen Lloyd, auf der Fahrt von Zara nach Triest in den Gewässern vor Istrien in ein eigenes Minenfeld. Die Passagiere des überbesetzten Schiffes waren in aller Eile heimkehrende Sommerurlauber und Angehörige von Seeleuten, die aus dem vom Krieg bedrohten Küstengebiet im sicheren Binnenland Zuflucht suchten. Im Gerichtsakt von damals, aus dem die Schuld der verantwortlichen Schiffsoffiziere an der Katastrophe herauszulesen ist, heißt es trocken: „Das Schiff zählte ungefähr 240 Fahrgäste und 66 Mann Besatzung, 159 Personen wurden gerettet, 68 Leichen geborgen, die Übrigen sind ertrunken, ohne daß die Leichen gefunden werden konnten. Eine genaue Liste der Passagiere liegt übrigens nicht vor." Sorglosigkeit und Schlamperei haben dieses schreckliche Unglück herbeigeführt, von dem die Öffentlichkeit nichts erfahren durfte, da die militärische Zensur der Ansicht war, dies würde der Kriegsbegeisterung nur Abbruch tun. Viele der Toten vom „Baron Gautsch", Männer, Frauen und Kinder, liegen noch heute auf dem ungepflegten Marinefriedhof des einstigen Hauptkriegshafens Pola.

Es war ein Seekrieg der Einzelkämpfer; mutige Kommandanten verübten tollkühne Heldentaten: So nahm der alte, langsame Kreuzer „Zenta" am 16. August 1914 mutterseelenallein das Gefecht gegen eine überlegene französisch-britische Streitmacht auf, die die „Zenta" binnen weniger Stunden versenkte; für die Franzosen war damit ein Hindernis auf dem Nachschubweg in das an ihrer Seite kämpfende Montenegro beseitigt. Aber es zeigte sich schon bald, daß die Hauptlast der Seekriegsführung nicht bei den großen Schiffen liegen sollte, sondern bei den kleinen, wendigen, modernen Schiffseinheiten, vor allem bei den Unterseebooten. „U 12" (Kommandant Linienschiffsleutnant Egon Lerch) versenkte am 21. Dezember 1914 das französische Flaggenschiff „Jean Bart", „U 5" (Kommandant Georg Ritter von Trapp) am 25. April 1915 den französischen Panzerkreuzer „Léon Gambetta". Die Franzosen waren als Gegner der Österreicher in der Adria ausgeschaltet, sie wagten es bis Kriegsende 1918 nicht mehr, den Österreichern in die Quere zu kommen. Aber am 23. Mai 1915 trat auch Italien an die Seite der Gegner der Donaumonarchie, und die österreichisch-ungarische Marine hatte sich auf den Feind an der anderen Adriaseite zu konzentrieren. Der Druck der Öffentlichkeit wurde größer: Die deutschen Zeitungen meldeten nahezu täglich große Erfolge ihrer U-Boote, und in Wien sprach man viel von den heroischen deutschen U-Boot-Kommandanten, während man von den eigenen U-Booten wenig hörte.

Einer der ehrgeizigsten jungen Marineoffiziere war Linienschiffsleutnant Egon Lerch, dessen Privatleben (ihm wurde eine sehr heftige Liebesaffäre mit Prinzessin Elisabeth Windischgrätz, der einzigen Tochter des Kronprinzen Rudolf und somit der Enkelin des Kaisers, nachgesagt) viel Stoff für Tratsch bot. Lerchs tödliche zwei Torpedotreffer auf das französische Schlachtschiff „Jean Bart" hatten ihn schon einmal in die Schlagzeilen gebracht. Er strebte nun nach größerem Ruhm, vielleicht sogar nach dem Maria-Theresien-Orden, den sein Kamerad Linienschiffsleutnant Rudolf Singule als Kommandant von „U 4" für die am 18. Juli 1915 erfolgte Versenkung des italienischen Panzerkreuzers „Giuseppe Garibaldi" zuerkannt bekommen hatte.

Lerchs Ehrgeiz ist ihm und seiner Besatzung schließlich zum Verhängnis geworden: Entgegen den klaren Befehlen seiner Vorgesetzten versuchte er, in den Kriegshafen von Venedig einzudringen. Dabei fuhr „U 12" auf eine Mine und sank. Die sterblichen Überreste der österreichischen Seeleute wurden später in würdiger Form auf dem Friedhof San Michele bei Venedig beigesetzt, wo sie noch heute ruhen.

Während auf den untätig in den Häfen festliegenden großen Schiffen der sture Tagesdienst fast unter friedensmäßigen Bedingungen weiterlief, führten die kleinen Schiffe und die Marineflieger an der Front ihren eigenen Krieg. Die Marineflieger hatten die Adriastädte vor feindlichen Luftangriffen zu schützen. Der höchstdekorierte dieser kühnen Fliegerhelden ist erst am 23. September 1986, 97jährig, in Triest gestorben, jener Stadt, die ihm zwischen 1915 und 1918 so viele Ehrungen hat zuteil

Peking; Marinedetachement mit Landungsgeschützen. 1902.

werden lassen: Gottfried von Banfield, Linienschiffsleutnant und für seine Erfolge in der Luft mit dem Maria-Theresien-Orden ausgezeichnet. Noch wertvoller für Banfield freilich war der silberne Lorbeerkranz, für den die armen Leute der Triestiner Vorstädte gesammelt hatten. Die nannten ihn einfach „il nostro barone" — unser Baron —, ohne sich um militärische Ränge zu kümmern.

Freilich ereignete sich in diesen vier Kriegsjahren im Bereich der Marine auch Kurioses, über das berichtet werden muß, wie etwa die „Germanisierung" der mehrheitlich von Italienern bewohnten Stadt Pola: so schlug das k. u. k. Hafenadmiralat von Pola am 25. August 1916 auf dem Dienstweg vor, daß nach der Umbenennung der Straßen und Plätze Polas, durch die der „Hauptkriegshafen der Monarchie fortan nur deutsche Straßentafeln" besitzen werde, auch die Marinekirche „Madonna del mare" umzubenennen wäre, entweder in „Stella maris" oder „Maria am Gestade" oder „Maria vom Meere". Der Vorschlag weist alle amtlichen Stempel und Unterschriften auf, aber das Kriegsministerium ließ sich mit seiner Antwort Zeit, ehe es am 14. Februar 1917 lakonisch antwortete: „Auf allerhöchsten Befehl ist die Marinekirche zu Pola fortan mit ihrem früheren Namen ‚Madonna del mare' zu benennen." Die deutschen Straßentafeln freilich blieben bis zum Zusammenbruch 1918 angebracht. Andere Umbenennungen haben die Geschichte überdauert: Die adriatischen Hafenstädte und Inseln erhielten damals amtlich jene serbokroatischen Bezeichnungen, die auch heute noch angewendet werden.

Die Übernahme der Regierungsgeschäfte durch Kaiser Karl im Jahr 1916 bedeutete für die k. u. k. Kriegsmarine einen letzten Aufschwung. Der junge Kaiser, der gerne die Marineuniform trug, besuchte häufig den Hauptkriegshafen und die dort liegenden Großkampfschiffe. Das hob die Moral: Die Versuche, die „verkorkte" Adria aufzubrechen, wurden wieder aufgenommen. Die Sperre der Straße von Otranto — am Absatz des italienischen „Stiefels" — sollte durchbrochen werden. Am 14. Mai 1917 lief eine aus drei Kreuzern der „Novara"-Klasse und zwei großen Torpedobootszerstörern bestehende

170

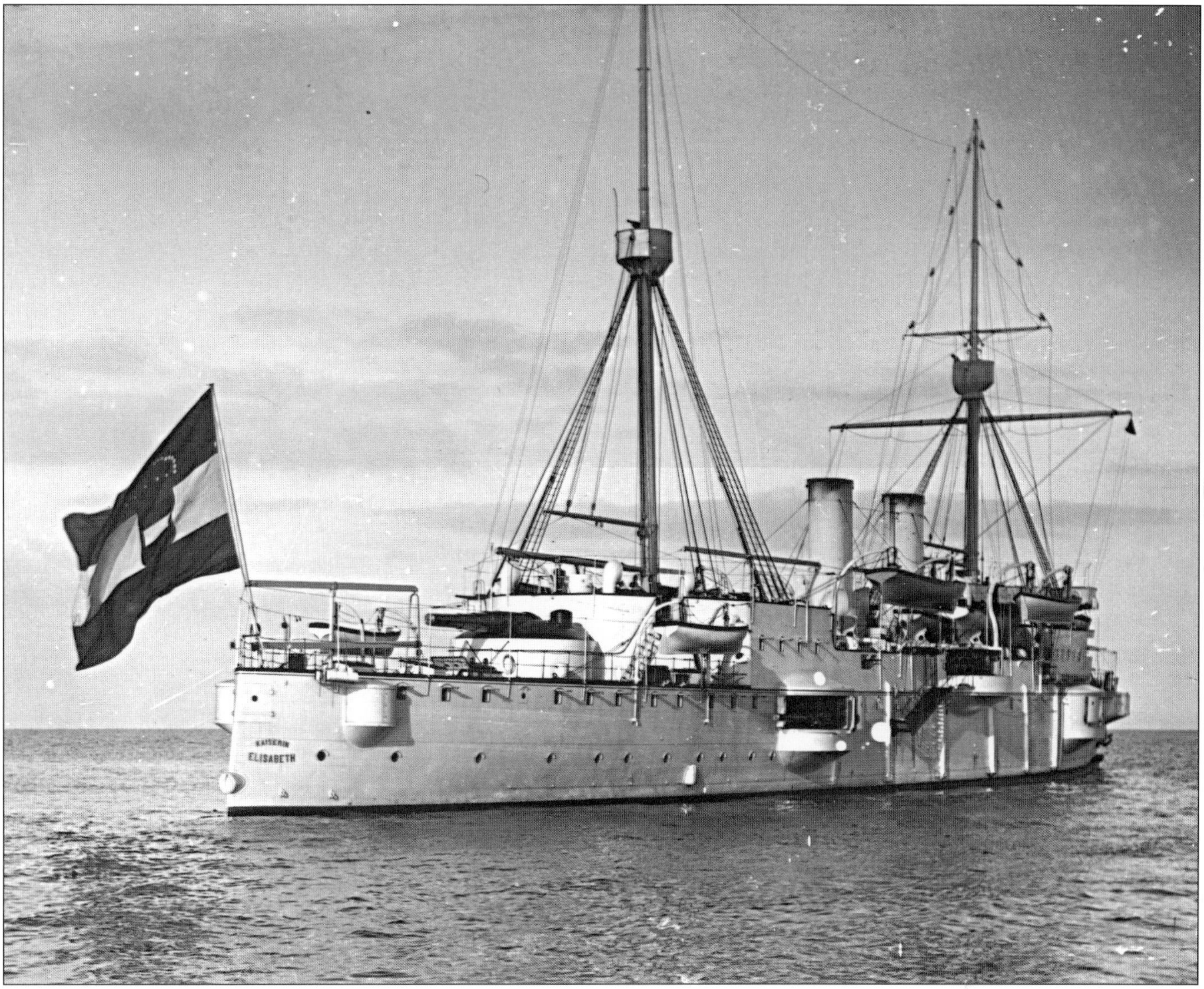

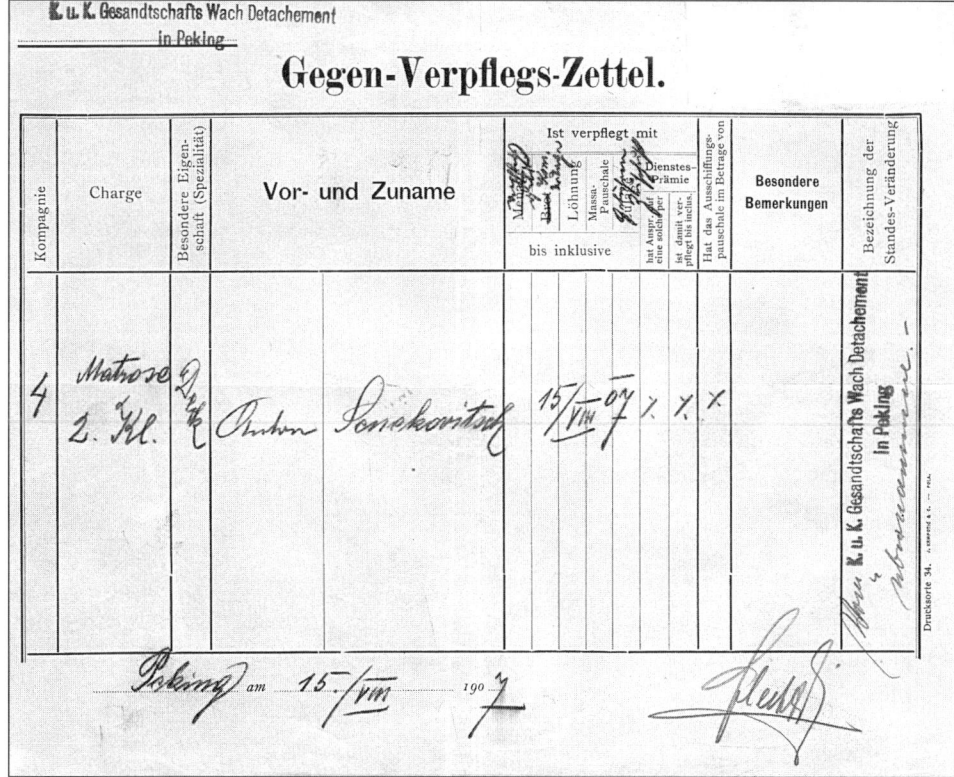

Oben: Kreuzer „Kaiserin Elisabeth“.

Rechts: Verpflegs-Zettel des k. u. k. Gesandtschafts-Wach-Detachements in Peking vom 15. 8. 1907.

K. u. K. Gesandtschafts Wach Detachement
in Peking

Gegen-Verpflegs-Zettel.

Kompagnie	Charge	Besondere Eigenschaft (Spezialität)	Vor- und Zuname	Ist verpflegt mit ... bis inklusive					Hat das Ausschiffungspauschale im Betrage von	Besondere Bemerkungen	Bezeichnung der Standes-Veränderung
				Menage / Brot / Löhnung / Massa-Pauschale	Dienstes-Prämie	hat Anspr. auf eine solche per	ist damit verpflegt bis inclus.				
4	Matrose 2. Kl.		Anton Senekovitsch	15/VIII 07	/	/	/				K. u. K. Gesandtschafts Wach Detachement in Peking

Drucksorte 34.

Peking am 15./VIII 1907

Linke Seite oben: Straßenszene in Peking; österreichischer Seekadett mit Gefolge.

Links: Peking; Marschabteilung des Kreuzers „Kaiserin Elisabeth“.

Oben: Peking; Gesandtschaftsgelände. Gruppenaufnahme österreichischer Offiziere, Beamter und Gesandtschaftspersonal. Interessant sind die Sänftenträger der Gesandtschaft mit gestickten Doppeladlerschildern auf der Brust. 1903.

Links: Tientsin; die Gräber der 1900–1902 gefallenen und gestorbenen österreichischen Matrosen.

Rechts: Peking; die österreichische Gesandtschaft. Marineoffiziere und Gesandtschaftsangehörige vor dem Portal des Gebäudes, dessen Wiederaufbau 1904 erfolgte. Mit dem Ende der Doppelmonarchie fiel das Gebäude Ungarn zu, es hat die Wirren von Krieg, Nachkriegszeit und Kulturrevolution weitgehend unbeschädigt überstanden und beherbergt heute ein chinesisches wissenschaftliches Institut. 1911.

Flottenabteilung aus der Bucht von Cattaro aus, mit dem Auftrag, vor allem den im Mittelmeer operierenden österreichisch-ungarischen und deutschen Unterseebooten den Weg aus der Adria freizukämpfen. Dieses Seegefecht, in dessen Verlauf den Österreichern insgesamt 16 britische und italienische Kriegsschiffe von spürbarer artilleristischer Überlegenheit gegenüberstanden, sollte die bedeutendste Kampfhandlung eines größeren k. u. k. Flottenverbandes im Ersten Weltkrieg überhaupt werden. Der Kommandant der Kampfgruppe, der damalige Linienschiffskapitän Nikolaus von Horthy, erreichte das militärische Ziel der Aktion und bekam dafür (allerdings erst 1921) den Maria-Theresien-Orden, wenngleich die Meeresenge von Otranto nur für wenige Wochen mehr oder weniger ungehindert zu passieren war.

Das letzte Kriegsjahr war für die Mittelmächte wahrscheinlich das härteste Jahr dieses vierjährigen Krieges. Die nun aufbrechenden sozialen Gegensätze waren in der österreichisch-ungarischen Kriegsmarine immer besonders groß gewesen, die Auseinandersetzung zwischen den Nationalitäten des sterbenden Kaiserreiches war nicht mehr aufzuhalten, die Kriegsmüdigkeit nicht mehr zu verkennen. In Cattaro meuterte am 1. Februar 1918 die Kreuzerflottille, aber als die Meuterer auf einigen Kreuzern, unter ihnen „Sankt Georg", und auf einigen Torpedobooten die rote Fahne gehißt hatten, bemächtigte sich ihrer zunehmende Ratlosigkeit. Einerseits versicherten die Meuterer den überrumpelten und an Bord eingesperrten Vorgesetzten, im Fall eines feindlichen Angriffes würden die Offiziere sofort wieder ihre früheren Kommandofunktionen übernehmen können, andererseits waren sie — nachdem jeder Versuch einer Verbindung zu sozialdemokratischen Spitzenpolitikern gescheitert war — über ihr weiteres Vorgehen uneinig. Die Stimmung schlug um; bald wurden die roten Fahnen eingeholt, und am 3. Februar 1918 wehte über allen Schiffen wieder die Kriegsflagge.

Etwa 4.000 Mann hatten sich an der Meuterei beteiligt; die vier Hauptradelsführer wurden erschossen, vier andere erhielten schwere Kerkerstrafen, mehrere hundert Mann sollten sich vor Gericht verantworten, das Kriegsende allerdings schloß die Prozeßakten noch vor dem Urteil.

Für die Marine war die Meuterei von Cattaro ein Signal: Ein erst 47jähriger Marineoffizier, Linienschiffskapitän (entspricht dem Rang eines Obersten im Landheer) Nikolaus von Horthy, wurde nun zum Flottenkommandanten und, außer der Reihe, zum Konteradmiral ernannt. Zahlreiche dienstältere hohe und höchste Admirale wurden in den Ruhestand geschickt oder beurlaubt, auch der behäbige Admiral Maximilian Njegovan, als Marine- und Flottenkommandant Nachfolger des am 8. Februar 1917 verstorbenen Großadmirals Anton Haus, des einzigen Berufsoffiziers, der in der k. u. k. Kriegsmarine diesen hohen Rang bekleidete.

Horthy hatte ehrgeizige Pläne, die die Marine aus einer Stimmung der Mutlosigkeit und Resignation reißen und doch noch eine mögliche Kriegsentscheidung zur See herbeiführen sollten. Und außerdem verfügte der junge Admiral über ein ausgeprägtes Gefühl für das, was heute „Public Relations" heißt. So lief am 8. und am 10. Juni 1918 abermals eine aus zwei Staffeln bestehende Kampfgruppe aus dem Hauptkriegshafen Pola aus, die — zum zwanzigsten Mal! — versuchen sollte, die Sperre der Otrantostraße zu sprengen. Das Rückgrat dieser Kampfgruppe bildeten zum ersten Mal die vier Großkampfschiffe der „Tegetthoff"-Klasse. Und auf den anderen Schiffen waren Journalisten und sogar ein Filmkameramann eifrig dabei, die erste (und, wie sich zeigen sollte, letzte) Ausfahrt der Schlachtflotte für die Nachwelt festzuhalten. Aber am 11. Juni, um 2 Uhr 30, wurde das jüngste dieser Schlachtschiffe, der „Szent István", von zwei von einem italienischen Schnellboot abgeschossenen Torpedos getroffen, tödlich getroffen. Langsam sank das Schiff, kenterte schließlich, und jede Phase seines Sterbens wurde vom Kameramann festgehalten. Der Film befindet sich auch heute noch in österreichischen Archiven und wird gelegentlich gezeigt. Von den 90 Toten, die der Untergang des „Szent István" gefordert hat, spricht man nicht mehr. Die meisten von ihnen wurden auf dem Marinefriedhof in Pola beigesetzt, wo sie heute noch ruhen — in der Nähe der Opfer des Untergangs des

Skutari; österreichische Beiboote transportieren deutsche Seesoldaten zu ihren Bestimmungsorten. 1912/13.

„Baron Gautsch". Eine gegen den Schiffskommandanten, Linienschiffskapitän Heinrich Seitz, und gegen verantwortliche Konstruktionstechniker eingeleitete Untersuchung kam wegen des Kriegsendes nicht mehr zum Abschluß. Verrat (damit war man damals schnell bei der Hand), Schlamperei, Sorglosigkeit, Korruption während des Baues — die wirkliche Ursache für den Verlust des für fast unsinkbar gehaltenen modernsten Großkampfschiffes der k. u. k. Kriegsmarine wurde nie gefunden.

Was dann bis Kriegsende noch geschehen sollte, ist nicht mehr heroischer Seekrieg, sondern nur noch zermürbender Alltag. Am 7. Oktober 1918 vermochte die Torpedierung des britischen Kreuzers „Weymouth" vor Durazzo durch „U 31" (dessen Kommandant Linienschiffsleutnant Hermann Rigele dafür den Maria-Theresien-Orden erhielt) den aus Albanien zurückweichenden und in Geleitzügen abtransportierten k. u. k. Truppen eine kurze Atempause zu verschaffen. Aber mehr denn je lastete der Druck der unausweichlichen Niederlage auf den Besatzungen, die den Transportdienst entlang der österreichischen Adriaküste aufrechtzuerhalten hatten.

Am 30. Oktober 1918 war das alte Österreich am Ende seiner Kräfte; die Marinefunkstation Pola strahlte das Ersuchen Österreichs an Italien um sofortige Einstellung der Feindseligkeiten im Klartext aus. Kaiser Karl übergab die Flotte den Südslawen, in der unausgesprochenen Hoffnung, die südslawischen Gebiete der Doppelmonarchie dadurch dem sterbenden Reich zu erhalten. Die Hoffnung war vergebens: Um 4 Uhr 45, am 31. Oktober 1918, wurde die rot-weiß-rote Kriegsflagge formlos für immer eingeholt und die blau-weiß-rote Flagge des neuen jugoslawischen Staates gehißt. Und da ereignete sich eine der widersinnigsten Heldentaten dieses Krieges, die Versenkung des nunmehr bereits jugoslawisch gewordenen Flaggenschiffes „Viribus Unitis" durch italienische — und mit den Jugoslawen eigentlich verbündete — Kampfschwimmer im Hafenbecken von Pola. Das Schiff kenterte, 350 Mann fanden den Tod, einer von ihnen war der Kommandant, Linienschiffskapitän Vuković, zu-

Oben: Kreuzer „Zenta" in Pola. Um 1910.

Rechts: Lloyddampfer „Baron Gautsch" (2.070 t). Im Jahre 1908 in England vom Stapel gelaufen, am 13. 8. 1914 zwischen Pola und Rovigno nach einer Minenexplosion gesunken.

gleich erster Befehlshaber der südslawischen Flotte. Eine Gedenktafel an der kleinen Kapelle im Polesaner Marinefriedhof erinnert an ihn, bemerkenswerterweise in deutscher Sprache.

Aber noch war die Marine nicht wirklich tot. Denn wenn auch der Kaiser die Schiffe dem südslawischen Nationalrat in Agram übergeben hatte, so hatten doch die Marinesektion des Kriegsministeriums und alle unterstellten Behörden ihre Tätigkeit befehlsgemäß bis auf weiteres fortzuführen. Und so amtierte im nunmehr klein gewordenen und vom Meer abgeschnittenen Österreich also eine oberste Marinebehörde, mit der traurigen Pflicht, die Angelegenheiten der Marine nur noch zu liquidieren.

Ihre Mitarbeiter durften die alte Uniform weitertragen (geschlossene Marineabteilungen kämpften übrigens unter dem Kommando ihrer Offiziere auch noch 1919/20 im Kärntner Abwehrkampf). 1923 war es dann auch mit der scheinbar unausrottbaren Marinebürokratie vorbei, nachdem schon zwei Jahre zuvor das gesamte Militärliquidierungsamt dem Finanzministerium unterstellt worden war. Alles, was sich bis dahin noch mit der Auflösung der Marine beschäftigt hatte, wurde verschiedenen anderen Behörden zugeteilt, und mit 31. Mai 1923 schließt mit der Ablage der letzten Akten auch die Behördengeschichte der k. u. k. Kriegsmarine.

Oben: Unterseeboot „14" (ehemaliges französisches Unterseeboot „Curie") in Pola. 1917.

Links: Unterseebootkommandant Korvettenkapitän Georg Ritter von Trapp (4. 4. 1880/Zara — 30. 5. 1947/Stowe, Vermont, USA) mit seiner ersten Ehefrau.

Oben: Unterseeboot „12" (236/237 t). 1911 in Fiume vom Stapel gelaufen.

Rechts: Linienschiffsleutnant Egon Lerch (19. 6. 1886/ Triest — 11. 8. 1915). Lerch fiel beim Versuch, als Kommandant von „U 12" in den Hafen von Venedig einzudringen.

Oben: Linienschiffsleutnant Gottfried von Banfield (6. 2. 1890/Castelnuovo — 23. 9. 1986/Triest), im Auto stehend. Banfield war der erfolgreichste österreichische Marineflieger und der letzte Ritter des Militär-Maria-Theresien-Ordens. Sesana 1916.

Rechts: Gottfried von Banfield bei der Vorstellung seiner Autobiographie in Wien. 1984.

Linke Seite oben: Seeflugzeug „K 425" wird gewartet.

Links: Seeflugstation Triest im Lloydarsenal; Seeflugzeug „A 24" (Typ Brandenburg CC) vor dem Aufstieg.

Oben: Seeflugstation Kumbor; Kommandant Linienschiffsleutnant Demeter Konjovits (Mitte) und Stab. 19. 7. 1917.

Links: Rovigno; Torpedoboot „75 T" (250 t). Der heute so beliebte Badeort (Rovinj) während des Ersten Weltkrieges.

Rechts: Zerstörer „Dukla" (880 t). Im Jahre 1917 in Fiume vom Stapel gelaufen. Blick vom Mast auf das Deck. 1918.

Oben: Torpedoschiff „Zara" (852 t) nach einer Explosion am 18. 6. 1917.
Rechts: Der Seebezirkskommandant von Triest, Vizeadmiral Alfred von Koudelka, kommandierte auch drei Jahre die 187. Infanteriebrigade. Der Vizeadmiral zeigte sich gern beritten in der feldgrauen Adjustierung.
Linke Seite oben: Spitalsschiff „Sofia Hohenberg" (5.491 t), Dampfer der „Austro Americana". Im Jahre 1905 in Triest vom Stapel gelaufen. Bordapotheke.
Links: Spitalsschiff „Tirol" (2.923 t). Als Lloyddampfer 1901 im Lloydarsenal erbaut, 1914 zum Spitalsschiff ausgerüstet. Am 16. 4. 1916 beim Auslaufen aus Durazzo auf eine Mine gelaufen, wobei zwei Krankenschwestern, sieben Offiziere und 31 Mann ums Leben kamen.

186

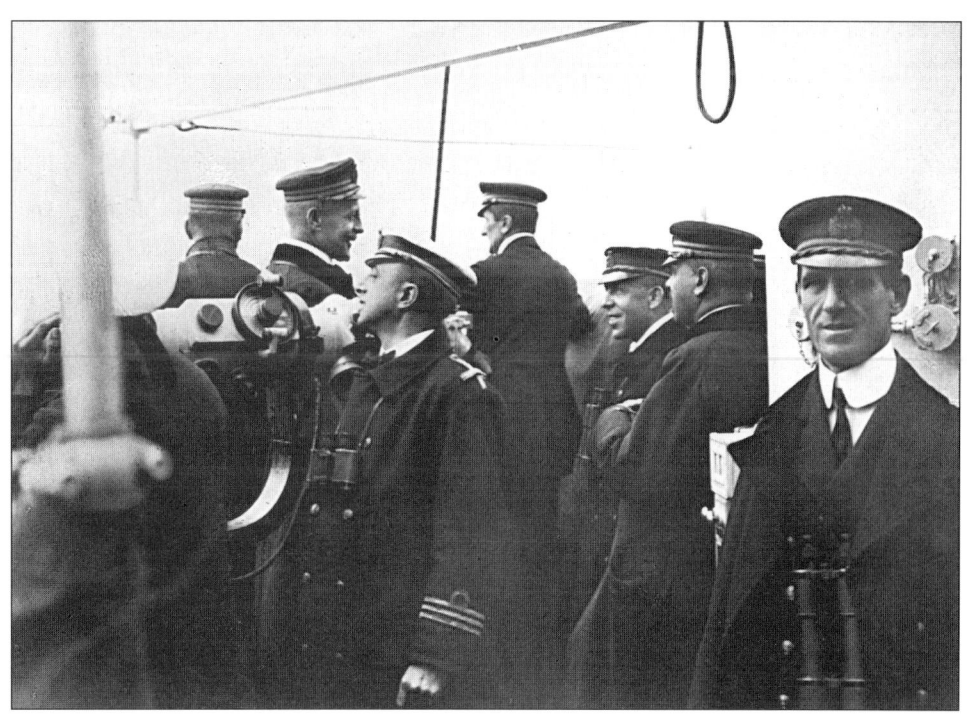

Oben: Pola; Flottenflaggenschiff „Viribus Unitis". Der aufgebahrte Leichnam des Großadmirals Haus. 9. 2. 1917.

Rechts: Brücke des Schlachtschiffes „Viribus Unitis". Letzte große Aktion der Flotte gegen die Sperre der Straße von Otranto (in der Mitte Flottenkommandant Nikolaus Horthy). 1918.

Linke Seite oben: Pola, Bahnhof. Kaiser Karl I. ist zum Begräbnis des verstorbenen Marinekommandanten Großadmiral Anton Haus nach Pola gekommen. 10. 2. 1917.

Links: Pola; der Kaiser und seine Suite auf der Fahrt durch das Hafenbecken.

188

Oben: Torpedodepotschiff „Gäa" (13.000 t). 1891 erbauter ehemaliger russischer Dampfer „Moskwa".
Rechts: Triest; Stapellauf des Schlachtschiffes „Viribus Unitis". 24. 6. 1911.

Linke Seite oben: die Bocche di Cattaro während des Ersten Weltkrieges; Blick auf den schneebedeckten Lovcen.
Links: Panzerkreuzer „Sankt Georg" (7.300 t) in der Bocche; auf diesem Schiff befand sich das Zentrum der Matrosenrevolte. Im Jahre 1903 in Pola vom Stapel gelaufen. 1916.

Oben: Flottenflaggenschiff „Viribus Unitis" (20.000 t).

Rechts: Pola; die kenternde und sinkende „Viribus Unitis". 1. 11. 1918.

DIE MARINEKOMMANDANTEN DER K. U. K. KRIEGSMARINE

Leider konnten keine genauen Einzelheiten über die Karriere aller Marinekommandanten in den Archiven gefunden werden; bei einigen waren nicht einmal die Personaldaten eruierbar.

VIZEADMIRAL LORD FORBES (1719–1721)
Seit dem Jahre 1719 kann man von einer ständig ihren Dienst versehenden österreichischen Kriegsmarine sprechen. In diesem Jahr beauftragte Kaiser Karl VI. den Iren Lord Forbes, gegen die Piraten im Mittelmeer und der Adria eine Marine aufzustellen. Forbes kam von der englischen Kriegsmarine und trat nach 1721 wieder in deren Dienst.

VIZEADMIRAL DEIGHAM (1725–1733)

JOHANN LUKAS GRAF PALLAVICINI (1733–1738)
Geboren am 22. November 1697 in Genua, gestorben am 27. November 1773 in Bologna. Er kam im Jahre 1731 als Gesandter der Republik Genua nach Wien. Das Kommando der österreichischen Marine übernahm er 1733, als er zum „General der Galeeren und der übrigen Marina" ernannt wurde. Graf Pallavicini schlug während des polnischen Erbfolgekrieges die Spanier bei Neapel und baute die Verteidigungsfähigkeit des Hafens von Triest aus. Bedeutend waren die Leistungen der von ihm geschaffenen Donauflottille in den Türkenkriegen der Jahre 1736 und 1738.
Pallavicini blieb bis zum 31. Dezember 1738 Oberbefehlshaber der Kriegsmarine und wurde, nachdem er mehrere Kommandos beim österreichischen Heer innegehabt hatte, von Kaiserin Maria Theresia 1749 zum Gouverneur der Lombardei ernannt. 1753 verlieh ihm die Kaiserin den Orden vom Goldenen Vlies und ernannte ihn zum Feldmarschall.

Erst nach der Beendigung des Siebenjährigen Krieges wurde im Jahre 1767 wieder ein neuer Marinekommandant bestellt. Die Wahl fiel auf den Malteserritter

JOHANN KARL RITTER VON MAUSSÉE (1767–1776?)
Er trat auf Empfehlung seines Ordensvorstandes in den k. k. Dienst und begann sofort mit der Modernisierung der Marine: Er forderte den Bau zweier Fregatten und die Bereitstellung der Bemannung, außerdem begann er mit der Errichtung eines Marinespitals in Triest. Finanzierungsfragen und Kompetenzstreitigkeiten veranlaßten den zum General ernannten Malteser Maussée, nach Malta zurückzukehren. Leider liegen keine genauen Daten vor, wann er seine Stellung als Marinekommandant aufgab.

Wie der Malteser Maussée sind die drei folgenden Marinekommandanten in erster Linie als die Kommandanten der Triestiner Territorial-Marine anzusehen:

KAPITÄN THOMAS BOTTS (1788–1791)
Der Engländer Botts trat 1786 als Kommandant des Kutters „Le Juste" in den österreichischen Dienst. Er führte anfangs das Kommando der Kriegsmarine, ohne überhaupt zum Kommandanten ernannt worden zu sein.

MAJOR GEORG SIMPSON (1796–1797)

OBERSTLEUTNANT FREIHERR JAMES ERNEST VON WILLIAMS (1797–1798)
Dieser tatendurstige Seemann, während des Türkenkrieges bei der Donauflottille Kommandant der Fregatte „Maria Theresia" und während der Kämpfe gegen Frankreich Befehlshaber der Rheinflottille, übernahm am 1. November 1797 das Marinekommando. Sein Versuch, die Marine auszubauen, scheiterte wieder einmal an der Finanzierung. Simpson war der letzte Kommandant der „Triestiner" Marine, denn nach der Okkupation Venedigs im Jahre 1798 wurde am 5. Februar Andrea Querini zunächst Kommandant der ex-venezianischen Kriegsmarine und am 13. März 1798 gemeinsamer Kommandant der Triestiner und der venezianischen Marine.

Feldmarschalleutnant Joseph Graf L'Espine (1801—1809, 1813—1814).

ANDREA QUERINI (1798—1802)

Geboren am 10. Juli 1757 in Venedig, gestorben am 20. Oktober 1825 ebendort. Von 1798—1802 war er Marinekommandant und Präsident des Seearsenals von Venedig. In seine Kommandantenzeit fielen die Neuorganisation des übernommenen ex-venezianischen Marinepersonals und die Reparatur der in Dalmatien übernommenen Schiffe. Mit der immer stärker werdenden Korsarenplage im Mittelmeer wurde er nicht fertig und scheiterte schließlich daran. Es wurde ihm vorgeworfen, zu wenig für den Schutz der österreichischen Seeschiffahrt gesorgt zu haben. Er gehörte einem der ältesten Patriziergeschlechter Venedigs an und erlangte die Würde eines Geheimen Rates.

JOSEPH GRAF L'ESPINE (1801—1809, 1813—1814)

Geboren am 25. Dezember 1761 in Avignon, gestorben am 31. Dezember 1826 in Mailand. L'Espine trat, einer alten Familientradition folgend, am 1. Juni 1775 als Aspirant in die französische Kriegsmarine ein. Nach mehreren Einschiffungen wurde er 1778 zum Linienschiffsfähnrich, 1784 zum Linienschiffsleutnant und 1790 zum Kapitän befördert. Im Jahre 1798, während der Französischen Revolution, trat er in österreichische Dienste. L'Espine kommandierte eine österreichische Flottille, die Ancona blockierte, und später eine andere, die an der Belagerung von Genua teilnahm.

Am 16. Dezember 1801 zum Oberstleutnant und am 13. Jänner 1802 zum Oberst befördert, wurde ihm das Kommando der Kriegsmarine anvertraut. Die Bestimmungen des Friedensvertrages von Schönbrunn mit Napoleon (14. Oktober 1809) brachten die vorläufige Auflösung der österreichischen Marine. In dieser Zeit wurde L'Espine zur Armee zurückversetzt.

Als nach der Niederlage Napoleons im Jahre 1813 die Marine wieder neu aufgestellt wurde, beauftragte Kaiser Franz L'Espine wieder mit dem Marinekommando und beförderte ihn am 26. Juli 1813 zum Feldmarschalleutnant. Am 13. Juli 1814 übergab L'Espine das Marinekommando an Obrist Coninck und leitete zuletzt (1825) das Generalkommando in Mailand. L'Espine war k. k. Kämmerer, Ritter des Johanniterordens und französischen Ludwigordens, außerdem besaß er das Großkreuz des Mauritius- und des Lazarusordens.

GENERALMAJOR AUGUST DE CONINCK (1814—1824)

Geboren 1761 in Messines in Flandern, gestorben am 29. November 1844 in Padua. Er trat, nachdem er mehrere Feldzüge gegen die Türken und gegen die Franzosen am Rhein mitgemacht hatte, 1786 als Marine-Unterleutnant in die kaiserliche Marine ein. Im Jahre 1809 wurde er zum Linienschiffskapitän ernannt, 1814 zum Generalmajor befördert.

Sein Hauptverdienst war die Organisation der Marinetruppen. Mit 1. Mai 1824 wurde das Marinekommando zum selbständigen und venezianischen Landes-Generalkommando getrennten Marineoberkommando erhoben.

VIZEADMIRAL HAMILKAR MARQUIS PAULUCCI DELLE RONCOLE (1824—1844)

Geboren 1773 in Modena, gestorben am 17. März 1845 in Padua. Er kam von der neapolitanischen Marine, in der er es bis zum Fregattenkapitän brachte. Im Jahre 1805 erfolgte seine Ernennung zum Generalinspektor der italienischen Marine (Sitz

Vizeadmiral Erzherzog Friedrich (1844—1847).

in Mailand) und ab Februar 1806 zum Kommandanten der Seestreitkräfte in Venedig. In diesen beiden Funktionen wurde er mit wichtigen Missionen im Mittelmeer betraut und mehrmals bei Gefechten mit Piraten verwundet. Nach einer englischen Kriegsgefangenschaft in Malta und einer eineinhalbjährigen Dienstzeit im italienischen Heer wurde Paulucci am 2. Juli 1814 als Generalmajor in den österreichischen Militärdienst übernommen. Im Jahre 1821 zum Eskaderkommandanten ernannt, betraute ihn der Kaiser mit dem Marinekommando, das er bis zum 21. August 1844 innehatte. Er reorganisierte den Dienstbetrieb in der Marine, insbesondere im Seearsenal von Venedig.

Im Jahre 1830 wurde er Vizeadmiral, 1843 erhielt er die Geheime Rats- und Kämmererwürde. Vizeadmiral Paulucci besaß an österreichischen Dekorationen das Komturkreuz des Leopoldordens und den Orden der Eisernen Krone 3. Klasse.

VIZEADMIRAL ERZHERZOG FRIEDRICH VON HABSBURG-LOTHRINGEN (1844—1847)

Geboren am 14. Mai 1821 in Wien als Sohn des Siegers von Aspern, Erzherzog Karl, gestorben am 5. Oktober 1847 in Venedig.

Bereits im 14. Lebensjahr entschied sich der Erzherzog für den Seemannsberuf. 1837 trat er als Fregattenleutnant in die k. k. Kriegsmarine ein und infizierte sich gleich bei seiner ersten Seereise nach Neapel, Sizilien und Malta an Typhus. Kaum hergestellt, unternahm er mehrere größere Kreuzfahrten im Mittelmeer und nach Griechenland.

Als Kommandant der Fregatte „Guerriera", im Verband der k. u. k. Eskader, machte Erzherzog Friedrich 1840 den Feldzug in Syrien mit und erwarb sich als Führer des Landungsdetachements beim Sturm auf Saida und auf Saint Jean d'Acre durch seine hervorragende Tapferkeit und Umsicht das Ritterkreuz des Militär-Maria-Theresien-Ordens.

Vom 22. August 1844 bis 5. Oktober 1847 war Erzherzog Friedrich Marineoberkommandant mit dem Sitz in Venedig. Sein Hauptaugenmerk galt der geordneten und sorgfältigen Verwaltung, der Ausbildung des Offiziersnachwuchses im k. k. Marinekollegium in Venedig und der Straffung von Disziplin und Ordnung.

Kaum 27jährig starb der hochbegabte Prinz, der sowohl in der Kriegsmarine als auch bei der Bevölkerung Venedigs hohes Ansehen und Hochachtung genossen hatte, unter bis heute nicht ganz geklärten Umständen in Venedig.

VIZEADMIRAL SYLVESTER GRAF DANDOLO (1847)

Geboren am 29. Mai 1766 in Venedig, gestorben am 14. November 1847 ebenda. Dem berühmten Dogengeschlecht entstammend, trat Dandolo bereits im Alter von 16 Jahren in die venezianische Marine ein. Hier wurde er mit verschiedenen Kommandos und Missionen betraut. Im venezianischen Marinedienst erlebte er auch das Ende der „Serenissima" im Jahre 1797. Unter dem französischen Regime legte Dandolo seinen Dienst nieder und trat erst 1800 in den österreichischen Marinedienst ein. Kaiser Franz beauftragte Dandolo 1816, die berühmten Bronzerosse der Basilika San Marco aus Paris, wohin sie von den Franzosen als Kriegsbeute gebracht worden waren, nach Venedig zurückzubringen. Dieser Auftrag galt zugleich als Ehrung für den Namen Dandolo. Als Geschwaderkommandant in der Levante sorgte Dandolo durch sein energi-

Vizeadmiral Anton Stefan Ritter von Martini (1847—1849).

sches Auftreten, durch seine Verhandlungen mit den Türken und durch die Unterdrückung des Piratenunwesens für das Ansehen der österreichischen Marine.
1836 wurde Dandolo Vizeadmiral, er war Geheimer Rat und Kämmerer, und wurde mit dem Kommandeurkreuz des Leopoldordens und dem Großkreuz des Ordens der Eisernen Krone dekoriert. Im Jahre 1844 verlieh ihm Kaiser Ferdinand in Triest das Goldene Vlies. Nach dem Tod des Erzherzogs Friedrich 1847 wurde Dandolo zum Marineoberkommandanten ernannt, er hatte die oberste Führung der Marine aber nur einen Monat inne, da er bald darauf starb.
Bis zur Bestellung eines neuen Marineoberkommandanten führte provisorisch der Marine-Adjutant Linienschiffskapitän Johann von Marinovich dessen Geschäfte.

VIZEADMIRAL ANTON STEFAN RITTER VON MARTINI (1847—1849)

Geboren 1792 in Kezdi Vásárhely in Siebenbürgen, gestorben am 28. Dezember 1861 in Wien. Er trat 13jährig als Kadett in das österreichische Heer ein. Als Generalstabsoffizier nahm er 1813 an der Schlacht bei Leipzig teil. Nach einem Auftrag zur Verbesserung der Organisation der päpstlichen Schweizertruppen wurde Martini zum Chef des Generalstabs der von Radetzky kommandierten Armee in Italien ernannt. Im Jahre 1843 trat Generalmajor Martini seinen Dienst als Direktor der Wiener Neustädter Militärakademie an. Später bestellte ihn der Kaiser am 22. Dezember 1847 zum Marineoberkommandanten und ernannte ihn zum Vizeadmiral. Am 22. März 1848 brach in Venedig die Revolution aus, Martini wurde gefangengenommen. Solange der Vizeadmiral als Geisel in Venedig zurückbehalten wurde, führte Feldmarschalleutnant Franz Graf Gyulai die Marineangelegenheiten. Nach einem Gefangenenaustausch übernahm Martini am 1. September 1848 wieder das Marineoberkommando. Auf eigenes Ansuchen erfolgte am 25. Februar 1849 seine Enthebung vom Kommando mit der gleichzeitigen Ernennung zum Außerordentlichen Gesandten am Hof zu Neapel. Bis zur Bestellung eines neuen Marineoberkommandanten übernahm wieder Feldmarschalleutnant Graf Gyulai die provisorische Leitung.

VIZEADMIRAL HANS BIRCH FREIHERR VON DAHLERUP (1849—1851)

Geboren am 25. August 1790 in Hilleröd in Dänemark, gestorben am 26. September 1872 in Kopenhagen. Dahlerup ging aus der königlich-dänischen Kriegsmarine hervor. Er war vom 15. März 1849 bis 15. August 1851 Oberkommandant der österreichischen Kriegsmarine, verlängerte die Blockade von Venedig und zwang, in guter Zusammenarbeit mit den Belagerungstruppen Radetzkys, am 22. August 1849 Venedig zur Kapitulation.
Dahlerup schuf die Grundlagen für eine bessere Verwaltung in der Marine, drängte auf die Einführung der deutschen Dienstsprache und versuchte, die in den Kriegsjahren in der österreichisch-venezianischen Marine eingerissenen Nachlässigkeiten abzustellen. Obwohl von Kaiser Franz Joseph I. durch die Verleihung des Ordens der Eisernen Krone 1. Klasse und der Würde eines Geheimen Rates ausgezeichnet, fühlte er sich zurückgesetzt und schied im Jahre 1851 gekränkt von seiner Tätigkeit, um in seine Heimat zurückzukehren.

Feldzeugmeister Franz Graf Wimpffen (provisorisch 1851—1854).

Vizeadmiral Erzherzog Ferdinand Max (1854—1864).

Erzherzog Ferdinand Max holte Dahlerup noch einmal nach Österreich; am 16. Juni 1861 trat der Däne erneut in den österreichischen Marinedienst ein. Als Präses der Reglementskommission diente er bis zu seinem Ansuchen um Abschied am 3. Jänner 1865. Nach Dänemark zurückgekehrt, verbrachte er seinen Lebensabend in der Nähe von Kopenhagen.

FELDZEUGMEISTER FRANZ GRAF WIMPFFEN (provisorisch 1851—1854)

Geboren am 2. April 1797 in Prag, gestorben am 26. November 1870 in Görz. Er trat 1813 als Unterleutnant in das kaiserliche Heer ein. 1838 wurde er zum Generalmajor und Brigadier in Triest befördert. Als Zivil- und Militärgouverneur von Triest und Statthalter des Küstenlandes wurde er — als Offizier des Landheeres — 1849 zum provisorischen Oberkommandanten der Marine ernannt. In dieser Funktion blieb Wimpffen bis zum Jahre 1854. Er trat 1861 mit der Charge eines Generalfeldzeugmeisters in den Ruhestand.

VIZEADMIRAL ERZHERZOG FERDINAND MAX (1854—1864)

Geboren am 6. Juli 1832 in Schönbrunn bei Wien, gestorben am 19. Juni 1867 in Querétaro in Mexiko. Erzherzog Ferdinand Max trat 1851 als Fregattenleutnant in die k. k. Kriegsmarine ein. Am 10. September 1854 vom Kaiser, seinem Bruder, zum Konteradmiral befördert, wurde er gleichzeitig als Marineoberkommandant an die Spitze der Marine gestellt. Im Jahre 1857 wurde Erzherzog Ferdinand Max zum Generalgouverneur Lombardo-Venetiens bestellt, behielt aber das Marineoberkommando bei. Zu seiner Unterstützung wurde gleichzeitig Konteradmiral Anton Freiherr von Bourguignon Marinekommandant, der in dieser Stellung bis 1859 blieb.

Nach der Schaffung eines eigenen Marineministeriums im Jahre 1862 wurde das Marineoberkommando aufgelöst und der Erzherzog zum Marinekommandanten ernannt. Dieses Marineministerium, welches das gesamte Seewesen des Rei-

Konteradmiral Anton
Freiherr von Bourguignon
(1857–1859).

Konteradmiral Alphons
Ritter von Wissiak (1864).

ches, also die Handels- und die Kriegsmarine zu erfassen hatte, war das Werk des Erzherzogs Ferdinand Max. Es bestand in dieser Form vom 4. Dezember 1862 bis 27. August 1865 mit dem Sitz in Wien. Auch als Kaiser von Mexiko interessierte sich Ferdinand Max weiterhin lebhaft für die k. k. Kriegsmarine.

KONTERADMIRAL ANTON FREIHERR VON BOURGUIGNON (1857–1859)

Geboren am 8. Juni 1808 in Hermannmiestec (Böhmen), gestorben am 28. Mai 1879 in Pola. Bourguignon trat 1832 als Kadett in das kaiserliche Heer ein, wurde im gleichen Jahre zum Pionierkorps transferiert und in weiterer Folge ins Seeoffizierskorps eingegliedert. Von 1857 bis 1859 war er Marinekommandant und, ab 1864 bis zu seinem Tode, Hafenadmiral und Festungskommandant in Pola. In Würdigung seiner Verdienste, anläßlich seines 50jährigen Dienstjubiläums im Jahre 1875, wurde er vom Kaiser zum Admiral ernannt, eine Charge, die vorher in der österreichischen Marine noch nie verliehen worden war.

LINIENSCHIFFSKAPITÄN ALEXANDER MÜLLER VON MÜHLWERTH (prov. VI/1859–XI/1859)

KONTERADMIRAL ALPHONS RITTER VON WISSIAK (I/1864–VII/1864)

Geboren am 23. Mai 1815 in Venedig, gestorben am 18. Mai 1884 in Theresienau (Niederösterreich). Am 29. Dezember 1864 verfügte Kaiser Franz Joseph I. für 1. Jänner 1865 die Auflösung des Marinekommandos wegen der Neuorganisation der obersten Marinebehörden. Die Agenden des Marinekommandanten wurden dem Chef der Marinesektion im Kriegsministerium, Vizeadmiral Fautz, und dem neugeschaffenen Marinetruppen- und Flotteninspektor Erzherzog Leopold übertragen.

Vizeadmiral Ludwig Ritter von Fautz (als Chef der Marinesektion, 1865—1868).

Vizeadmiral Friedrich Freiherr von Pöckh (1871—1883).

VIZEADMIRAL LUDWIG RITTER VON FAUTZ (als Chef der Marinesektion, VII/1865—III/1868)

GENERAL ERZHERZOG LEOPOLD (als Marinetruppen- und Flotteninspektor, VIII/1865—III/1868)
Seit dem 6. März 1868 war der Chef der Marinesektion des Kriegsministeriums gleichzeitig der Marinekommandant. Diese Regelung galt mit zwei Ausnahmen (1917 und 1918) bis zum Zusammenbruch der Monarchie.

VIZEADMIRAL WILHELM VON TEGETTHOFF (III/1868—IV/1871)
Geboren am 23. September 1827 in Marburg an der Drau, gestorben am 7. April 1871 in Wien. Bedeutender Flottenführer bei Helgoland 1864 und Lissa 1866; Ernennung zum Vizeadmiral und Verleihung des Kommandeurkreuzes des Maria-Theresien-Ordens. Tegetthoff war ein großer Organisator und schuf durch seine Reformen die Grundlage für den Flottenausbau bis zum Ersten Weltkrieg. Vom 28. Februar 1868 bis zu seinem Tod war er Marinekommandant und Chef der Marinesektion des Kriegsministeriums.

VIZEADMIRAL FRIEDRICH FREIHERR VON PÖCKH (IV/1871—XI/1883)
Geboren am 19. August 1825 in Sabotist in Ungarn, gestorben am 25. September 1884 in Schladming. Er trat nach der Absolvierung des Marinekollegiums in Venedig am 28. Juli 1843 als provisorischer Kadett in die k. k. Kriegsmarine ein. Nach mehreren Einschiffungen befehligte er von 1857 bis 1859 die Fregatte „Novara" auf der von Kommodore Wüllersdorff geführten wissenschaftlichen Expedition und Weltumsegelung. Von 8. April 1871 bis 17. November 1883 war Pöckh Marinekommandant und Chef der Marinesektion. Admiral Pöckh besaß die Würde eines Geheimen Rates und erwarb sich das Großkreuz des Leopoldordens und den Orden der Eisernen Krone 1. Klasse.

ADMIRAL MAXIMILIAN FREIHERR DAUBLEBSKY VON STERNECK UND EHRENSTEIN (XI/1883—XII/1897)
Geboren am 14. Februar 1829 in Klagenfurt, gestorben am 5. Dezember 1897 in Wien. Sterneck trat nach der Absolvierung des Marinekollegiums in Venedig im Jahre 1847 in die Kriegsmarine ein. Bei

Admiral Maximilian Freiherr
Daublebsky von Sterneck
(1883–1897).

Vizeadmiral Hermann
Freiherr von Spaun
(1897–1904).

Helgoland 1864 war er Tegetthoffs Flaggenkapitän, bei Lissa 1866 kommandierte er Tegetthoffs Flottenflaggschiff „Erzherzog Ferdinand Max". Mit Graf Wilczek nahm er 1872 an der Nordlandfahrt des Seglers „Isbjörn" teil. Mit 17. November 1883 erfolgte seine Ernennung zum Marinekommandanten und Chef der Marinesektion. In dieser Verwendung blieb er bis zu seinem Tode am 5. Dezember 1897. Mit seinem Namen sind die Initiativen zum Ausbau Polas gegen Ende des vorigen Jahrhunderts verbunden, wie die Wohlfahrtseinrichtungen für die Arsenalsarbeiter, der Bau der Marinevolks- und Marineunterrealschule, des Marinekindergartens und der Garnisonskirche Madonna dell' Mare, in der er auch begraben wurde.

Admiral Sterneck war k. u. k. Kämmerer und erwarb sich das Ritterkreuz des Militär-Maria-Theresien-Ordens.

VIZEADMIRAL HERMANN FREIHERR VON SPAUN
(XII/1897–X/1904)

Geboren am 9. Mai 1833 in Wien, gestorben am 23. Mai 1919 in Görz. Spaun trat 1850 als provisorischer Kadett in die Kriegsmarine ein. Bei Lissa erhielt er den Orden der Eisernen Krone 3. Klasse. Von August 1873 bis Juni 1879 war er Marineattaché bei der österreichischen Botschaft in London. Im Jahre 1885 kommandierte er die Yacht „Miramar", auf der das Kronprinzenpaar Stephanie und Rudolf seine Orientreise unternahm. Am 1. Mai 1886 erfolgte seine Beförderung zum Konteradmiral, 1889 wurde Spaun als Regierungsvertreter zur Internationalen Marine-Konferenz nach Washington berufen, auf der offene Fragen der Seegesetzgebung behandelt wurden. Am 12. Dezember 1897 stellte der Kaiser ihn als Marinekommandanten und Chef der Marinesektion an die Spitze der Marine und verlieh ihm die Geheime Ratswürde. Hoch geehrt (1899 Orden der Eisernen Krone 1. Klasse, Ernennung zum Admiral, 1900 Großkreuz des Leopoldordens und 1902 lebenslängliches Mitglied des österreichischen Herrenhauses) erfolgte auf eigenes Ansuchen am 6. Oktober 1904 Spauns Versetzung in den Ruhestand.

ADMIRAL RUDOLF GRAF MONTECUCCOLI
(1904–1913)

Geboren am 22. Februar 1843 in Modena, gestor-

Großadmiral Anton Haus
(1913–1917).

Vizeadmiral Karl Kailer von
Kaltenfels (Chef der
Marinesektion, 1917).

ben am 16. Mai 1922 in Baden bei Wien. Trat nach der Absolvierung der Marineakademie im Jahre 1859 als Kadett in den aktiven Marinedienst. Nach mehreren Einschiffungen wurde er im Jahre 1897 zum Konteradmiral befördert. Während des Boxeraufstandes in China kommandierte er das österreichisch-ungarische Ostasiengeschwader und erhielt 1903 den Rang eines Vizeadmirals. Am 6. Oktober 1904 wurde er zum Marinekommandanten, am 1. Mai 1905 zum Admiral und am 11. April zum Ritter des Goldenen Vlieses ernannt. Auf eigenes Ansuchen trat er am 16. Februar 1913 in den Ruhestand.

GROSSADMIRAL ANTON HAUS (II/1913–II/1917)
Geboren am 13. Juni 1851 in Tolmein (Küstenland), gestorben am 8. Februar 1917 in Pola. Er trat am 1. November 1869 als Provisorischer Seekadett in die Marine ein. Nach mehreren Einschiffungen war er von 1886 bis 1892 Klassenoffizier und Lehrer an der Marineakademie in Fiume. Zu dieser Zeit entstanden mehrere von ihm verfaßte Lehrbücher für die Marineakademie. Im Dezember 1905 erfolgte seine Ernennung zum Konteradmiral und

1907 seine Delegierung zur Zweiten Friedenskonferenz in Haag. Am 1. Mai 1911 wurde er zum Vizeadmiral befördert, am 24. Februar 1913 erhielt er das Marinekommando und die Stelle des Chefs der Marinesektion (zugleich mit seiner Ernennung zum Admiral). Nach Ausbruch des Ersten Weltkrieges führte Haus nach der Mobilisierung die Flotte. Am 5. Mai 1916 erfolgte seine Erhebung in die für Österreich neue Charge eines Großadmirals. Der Großadmiral erlag am 8. Februar 1917 um ½2 Uhr nachts auf seinem Flotten-Flaggschiff einer Lungenentzündung und wurde zwei Tage später auf dem Marinefriedhof in Pola begraben. In der Zwischenkriegszeit sind seine sterblichen Überreste exhumiert und am 23. Mai 1925 auf dem Hütteldorfer Friedhof in Wien beigesetzt worden.
Nach dem Tod von Großadmiral Haus bestellte der Kaiser den Vizeadmiral Karl Kailer von Kaltenfels zum Chef der Marinesektion.

VIZEADMIRAL KARL KAILER VON KALTENFELS
(Chef der Marinesektion, II/1917–IV/1917)
Geboren am 24. Mai 1862 in Pola, gestorben am 28. April 1917 in Wien.

Admiral Maximilian Njegovan (1917—1918).

Vizeadmiral Franz von Holub (Chef der Marinesektion, 1918—1919).

ADMIRAL MAXIMILIAN NJEGOVAN (IV/1917—II/1918)

Geboren am 31. Oktober 1858 in Agram, gestorben am 1. Juli 1930 ebenda. Nach Absolvierung der Marineakademie wurde er am 1. Juli 1877 als Seekadett 2. Klasse ausgemustert. Auf mehrere Dienstbestimmungen zur See und zu Land folgte seine Bestellung zum Klassenoffizier und Lehrer für Seemannskunde an die Marineakademie in Fiume von 1898 bis 1905. Im Jahre 1911 zum Konteradmiral ernannt, führte er im Sommer 1913 das Kommando der Eskader während der internationalen Blockade Montenegros: Als Vertreter der Monarchie im Admiralsrat zu Skutari verstand er es, die ihm dort gestellten heiklen Aufgaben mustergültig zu lösen.

Nach dem Ableben des Großadmirals Haus übernahm er am 8. Februar 1917 das Flottenkommando. Mit 23. Februar 1917 erfolgte seine Beförderung zum Admiral und mit 30. April 1917 seine Ernennung zum Marinekommandanten und Chef der Marinesektion.

Nach der Niederschlagung der Meuterei in der Bocche di Cattaro trat Admiral Njegovan am 27. Februar 1918 auf eigenes Ansuchen in den Ruhestand und übergab als letzter Admiral, der Marinekommandant und Chef der Marinesektion in einer Person war, das Flottenkommando an den Konteradmiral Nikolaus Horthy.

VIZEADMIRAL FRANZ VON HOLUB (Chef der Marinesektion, II/1918—I/1919)

Geboren am 8. Mai 1865 in Prag, gestorben am 28. Oktober 1921.

KONTERADMIRAL NIKOLAUS HORTHY DE NAGYBÁNYÁ (Flottenkommandant, II/1918—XI/1918)

Geboren am 18. Juni 1868 in Kenderes in Ungarn, gestorben am 9. Februar 1957 im Estoril bei Lissabon. Er trat nach der Marineakademie am 7. Oktober 1886 als Seekadett in die Kriegsmarine ein. Von November 1911 bis Mai 1914 war Horthy Flügeladjutant bei Kaiser Franz Joseph I.

Durch die Ereignisse in Cattaro bewogen, verjüngte Kaiser Karl das Korps der Flaggenoffiziere und ernannte Horthy am 27. Februar 1918 zum Konteradmiral und Flottenkommandanten. Mit dem Zusammenbruch der Monarchie übergab am 31. Oktober

1918 Horthy auf Befehl Kaiser Karls die Flotte samt ihren Stützpunkten an den neugebildeten jugoslawischen Nationalstaat, gleichzeitig wurde er zum Vizeadmiral befördert.

Von 1919 bis 1944 regierte Horthy als Reichsverweser in Ungarn. Er trug weiterhin eine im Schnitt leicht veränderte, madjarisierte Vizeadmiralsuniform. Trotz verzweifelter Bemühungen konnte er seiner Heimat das traurige Schicksal nicht ersparen, in das Sowjetimperium eingegliedert zu werden. Nach mehreren Internierungen erlaubte Portugal 1948 Horthy die Einreise, und dort starb er am 9. Februar 1957 im 89. Lebensjahr.

Als das klein gewordene Österreich keinen Zugang zum Meer mehr hatte, gab es dennoch durch fünf Jahre noch Leiter der Marinesektion, denen allerdings zum Schluß nur noch die traurige Aufgabe blieb, die Marine auch amtlich zu liquidieren:

LINIENSCHIFFSKAPITÄN WILHELM BUCHMAYER (Chef der Marinesektion, I/1919–II/1920)

FREGATTENKAPITÄN ALFRED SUCHOMEL (Chef der Marinesektion, II/1920–V/1923)

Oben: Konteradmiral Nikolaus Horthy de Nagybányá (Flottenkommandant, 1918).

Rechts: Admiral Rudolf Graf Montecuccoli (1904–1913). Admiral Montecuccoli in feldmäßiger Adjustierung während der Manöver in Dalmatien. 1907.

WAS NICHT IM BAEDEKER STEHT
Auf den Spuren der altösterreichischen Marine

Im November 1918 hatte die Marine ihre Flagge und ein Berufsstand sein Betätigungsfeld verloren. Was hat dennoch die zwei furchtbaren Weltkriege mit ihren politischen und sozialen Veränderungen überlebt, wo kann man heute, fast siebzig Jahre später, noch Reste der k. u. k. Marine finden und besichtigen?

Die Schiffe wurden unter den Siegerstaaten aufgeteilt und in der Zwischenkriegszeit größtenteils abgewrackt und verschrottet. Einige wenige Einheiten, die den Zweiten Weltkrieg noch im Einsatz überlebten, sind heute längst aus dem Verkehr gezogen und dienen, wenn noch vorhanden, friedlichen, vor allem kommerziellen Zwecken; so die frühere Admiralsyacht „Dalmat" — sie ist heute das Restaurant „Istranka" in Split.

Beginnen wir die Reise in die Vergangenheit in der ehemaligen Reichs-Haupt- und Residenzstadt Wien. Im Staatsarchiv — Kriegsarchiv (Wien VII, Stiftgasse 2) sind in der Marineabteilung die Marineakten in Faszikeln gelagert. Hier befinden sich auch die Grundbuchsblätter und Dienstbeschreibungen jener Angehörigen der k. (u.) k. Kriegsmarine, die nicht für die Nachfolgestaaten der Monarchie optierten. Neben den „Vorfallensberichten" und den Schiffstagebüchern ist auch eine reichhaltige Photo- und Schiffsplansammlung vorhanden. Während hier in der Stiftgasse die Verwaltungsunterlagen der Marine archiviert sind, können im III. Bezirk im Heeresgeschichtlichen Museum (Wien III, Arsenal, Objekt 18) im Marinesaal (und teilweise in den Artilleriehallen) Schaustücke der ehemaligen Kriegsmarine, ihrer Persönlichkeiten und Taten besichtigt werden. Hier befindet sich die größte Marinesammlung Österreichs; sie besteht aus Schiffsmodellen, Gemälden, persönlichen Erinnerungsstücken, Flaggen und Uniformen. Neben dem Turm des erst 1964 gehobenen österreichischen Unterseebootes „20" ist die Hauptattraktion des Marinesaales das von der Werft Stabilimento Tecnico Triestino angefertigte Schnittmodell des Flottenflaggenschiffes „Viribus Unitis" (Maßstab 1 : 25); als Österreich 1938 von der Landkarte gestrichen wurde, hätte dieses Modell nach München in das „Deutsche Museum" gebracht werden sollen; glücklicherweise kam es nicht mehr dazu. Leider sind aus Platzmangel in den Schauräumen viele Objekte in Depots gelagert und der Öffentlichkeit nicht zugänglich.

In der Währingerstraße 6—8, Wien IX, steht jenes Gebäude, in dem von 1888 bis 1908 die Marinesektion des k. u. k. Kriegsministeriums untergebracht war. Nach Plänen von Emil Ritter von Förster wurde das Haus 1887 ursprünglich als Zinshaus gebaut; es ist heute noch Wohn- und Geschäftshaus und heißt wie damals „Maximilianshof". Die früher vorhandenen Zwiebeltürme sind im Krieg zerstört worden und durch einen zeitgemäßen Dachbodenausbau ersetzt worden. Im Jahre 1908 wurde der Amtssitz der Marinezentralstellen aus dem Maximilianshof in ein neues Gebäude, Marxergasse 2a, verlegt (heute Wien III, Marxergasse 2). Dieses nach den Plänen von Ingenieur Fenderl durch Baumeister Friedrich Reichel errichtete Gebäude ist an den Außenwänden aller vier Fronten mit den Wappen der ehemaligen Hafenstädte der Monarchie geschmückt. Im Hausflur (Eingang Vordere Zollamtsstraße) befindet sich rechts eine Marmortafel mit der Aufschrift: „K. u. K. Reichskriegsministerium Marinesektion". Heute beherbergt dieses Gebäude die Generaldirektion der Österreichischen Bundesforste.

Das bekannteste Denkmal für den Seehelden Wilhelm von Tegetthoff steht am Eingang zum Wiener Prater, auf dem Praterstern, im II. Bezirk. Die 3½ Meter hohe bronzene Statue Tegetthoffs, modelliert von Karl Kundmann, steht auf einer 11 Meter hohen Marmorsäule, deren Architektur von Karl von Hasenauer ausgeführt wurde. Die Enthüllung erfolgte am 24. September 1886 in Anwesenheit Kaiser Franz Josephs I. und des Marinekommandanten und Teilnehmers an der Schlacht von Lissa, Admiral Sterneck.

Auf dem Michaelerplatz, Wien I, gegenüber der Hofburg, befindet sich in der Michaelerkirche, rechts vom Eingang in einer Seitenkapelle, das Eh-

Wien, Maximilianshof. Das Haus war von 1888 bis 1908 der Sitz der Marinesektion des Kriegsministeriums. 1900.

Einladung zur Enthüllung des Tegetthoff-Denkmals am Praterstern (am 24. September 1886).

Comité zur Errichtung des Tegetthoff-Denkmales in Wien.

EINLADUNG
zur
feierlichen Enthüllung des Tegetthoff-Denkmales
am Praterstern

im Beisein Seiner k. und k. Apostolischen Majestät

und der Mitglieder des Allerhöchsten Kaiserhauses

am 24. September 1886, um 9 Uhr Vormittags.

Man erscheint in der Gala-Uniform (die Bänder der Ordensgrosskreuze über dem Rocke); — jene Herren, welche nicht in dem Falle sind, eine Uniform zu tragen, im Frack mit weisser Cravatte.
Die Zufahrt und der Zutritt zum Festplatze erfolgen durch die Praterstrasse bis ³/₄9 Uhr Vormittags. — Später Kommende können nicht mehr eingelassen werden.
Die Wägen warten in der Novara- und Mayergasse.

Giltig für:

Heeresgeschichtliches Museum, Marinesaal. Modell des Küstenverteidigers „Budapest" und des Schlachtschiffes „Erzherzog Karl" sowie die Flagge vom Unterseeboot „12".

Cuxhaven, Ritzebütteler Friedhof. Gedenkfeier vor dem Denkmal der österreichischen Helgoland-Gefallenen am 14. August 1890.

renmal der k. u. k. Kriegsmarine, errichtet auf Initiative des österreichischen Marineverbandes. Professor Hans Schwarthe erhielt den Auftrag zur Gestaltung, und zu Pfingsten 1932 wurde diese Gedenkstätte enthüllt. Das Denkmal besteht aus einer Marmortafel, auf der das Meer und Schiffe der ehemaligen Flotte ohne Flaggen, da heimat- und hafenlos, in Bronze dargestellt sind. Noch heute gedenkt der Österreichische Marineverband jedes Jahr am ersten Sonntag im November vor diesem Ehrenmal aller toten österreichischen Seeleute.

Bevor die Reise uns weiter in die Sommerurlaubsländer, zu den südlichen Nachbarn, führt, sind noch zwei Gedenkstätten in Norddeutschland zu erwähnen: Nach dem Seegefecht bei Helgoland 1864 wurden die gefallenen Österreicher in Cuxhaven begraben, während die Verwundeten in das Lazarett nach Altona gebracht wurden. In Cuxhaven auf dem Ritzebütteler Friedhof (Vorwerk 3a) steht ein mit einem vergoldeten Doppeladler gekrönter Obelisk. Auf dem rechten Seitenteil sind die Gefallenen der k. k. Fregatte „Schwarzenberg" und auf dem linken die der k. k. Fregatte „Radetzky" namentlich angeführt.

In Hamburg-Altona, am Beginn des Elbewanderweges unterhalb der Palmaille, steht ein 3 Meter hohes Sandsteindenkmal für die „Gefallenen Tapferen der österreichischen Marine". Die Einweihung erfolgte am 26. Oktober 1865, der erste Standort des Denkmals war in der Nähe des Lazarettes von Altona. In den Jahren 1895/96 erhielt das Denkmal einen neuen Sockel, außerdem wurde der bronzene Doppeladler dazugefügt und es wurde in die Königsstraße verlegt. Zuletzt übersiedelte das Denkmal 1958 auf den derzeitigen Standpunkt am Elbeweg. Von diesem Abstecher in den Norden begeben wir uns in den Adriaraum, nach Venedig, der Königin der Adria, der „Serenissima", die über ein Jahrtausend diesen Raum beherrschte. Vom Zentrum der Stadt Venedig, der Piazzetta (Markusplatz), führt uns der Weg über die Riva degli Schiavoni zum Campo A. Emo. Dort befindet sich das „Museo Storico Navale". Vor dem Museumseingang stehen zwei Tyzackanker von ehemaligen österreichischen

Cuxhaven, Ritzebütteler Friedhof. Obelisk zum Andenken der auf den Fregatten „Schwarzenberg" und „Radetzky" gefallenen Österreicher.

Hamburg-Altona, Elbwanderweg. Gedenkstein an die „Tapferen Gefallenen der österreichischen Marine". 1864.

Schlachtschiffen, von denen der linke dem „Viribus Unitis", der rechte dem „Tegetthoff" gehörte. Nach den Wirren des Ersten Weltkrieges und den damit verbundenen Plünderungen wurden in Pola die Reste der Sammlungen des Marinemuseums von den Italienern sichergestellt und später auf die Museen von Venedig, La Spezia und Mailand aufgeteilt.

Im Museum, das in erster Linie der venezianischen, königlich-italienischen und der italienischen Kriegsmarine von heute gewidmet ist, befinden sich mehrere Erinnerungsstücke an die österreichische Marine, zum Beispiel zwei Kaiserstandarten, ein Motor eines österreichischen Seeflugzeuges, das Heck des Küstenverteidigers „Wien", Torpedos des vor Venedig versenkten und später gehobenen österreichischen Unterseebootes „12", Uniformen, und als besondere Rarität eine österreichische Marineuniform von 1805.

Schräg gegenüber dem Museum steht die ehemalige Marinekirche San Biagio, in der die Urnen mit dem Herzen und den Eingeweiden des Marinekommandanten Erzherzog Friedrich aufgestellt sind. An der Kirche vorbei über die Riva dei sette Martiri führt der Weg in eine Parkanlage (Giardini Pubblici). Hier steht das bis 1918 im San-Policarpo-Park in Pola aufgestellte Denkmal von Erzherzog Ferdinand Max, leicht verändert (die Aufschrift und das Bildnis des Erzherzogs wurden entfernt, die drei Schiffsschnäbel mit der Siegesgöttin an der Spitze blieben erhalten).

Von dieser Parkanlage kehren wir wieder zum Platz vor dem Museum zurück und wenden unsere Schritte in südöstlicher Richtung (Fondamenta dell' Arsenale) zum Arsenalseingang, dem wunderschönen Arsenaltor zu. Vor diesem Tor wurde am 22. März 1848 der österreichische Arsenalskommandant Linienschiffskapitän Johann Ritter von Marinovich ermordet. Hinter dem Tor beginnt der Arsenalsbereich, der noch immer militärisches Sperrgebiet ist. Das Arsenal wird von einem Kanal geteilt; im rechten Teil ist auf einem kleinen Platz der Bug des am 1. November 1918 von italienischen Kampfschwimmern versenkten Flottenflaggenschiffs „Viribus Unitis" mit einer Gedenktafel aufgestellt. Auf

Links oben: Marinemuseum in Venedig. Motor eines österreichischen Seeflugzeuges.

Linke Seite außen: Venedig, Park (Giardini pubblici). Das Erzherzog-Ferdinand-Max-Denkmal, das früher im San-Policarpo-Park von Pola aufgestellt war.

Links: Venedig; der vor dem Marinemuseum aufgestellte Anker des Schlachtschiffes „Tegetthoff".

Ganz oben: Venedig, San Michele. Grab der Besatzung des versenkten österreichischen Unterseebootes „12".

Rechts oben: Bronzetafel am Grab der Besatzung des versenkten österreichischen Unterseebootes „12".

Oben: Venedig, Marinearsenal. Bug des am 1. November 1918 versenkten Flottenflaggenschiffes „Viribus Unitis".
Rechts: Livorno; Marineakademie der italienischen Kriegsmarine, der heutige Standort des „Löwen von Lissa".

Oben: Triest, Lloydpalast.

Links: Triest; Eingangstor in das ehemalige Lloydarsenal, in dem ein Hafenmuseum eingerichtet werden soll.

Oben: Triest, Gebäude des Marinemuseums.

Rechts: Triest, altes
Lloydarsenal, Werfthalle.
Während des Ersten
Weltkrieges für die
Seeflugstation Triest in
Verwendung.

Triest, Stazione Marittima. Dampfer „Dionea" des Lloyd Triestino, der auch heute noch für den Liniendienst nach Istrien eingesetzt wird.

diesem Kanal führt die Linie 5 der städtischen Verkehrsbetriebe Venedigs durch das Arsenal weiter zur Toteninsel San Michele, dem Friedhof der Stadt. Hier befindet sich im rechten Teil, dem Militärfriedhof, das Grab der 17köpfigen Besatzung des Unterseebootes „12" und weiterer 35 Toter der k. u. k. Armee. Diese am 8. Juni 1935 eingeweihte neue Grabstelle ist mit einer Bronzetafel, auf der neben den Namen das Marineemblem (Anker und Krone) angebracht ist, verschlossen.

Ein weiteres interessantes Denkmal ist das Grab des ersten Maria-Theresien-Ritters der Kriegsmarine, des Erzherzogs Friedrich. Es befindet sich in der Malteserkirche (Commenda di Malta), die an der Kreuzung des Rio della Pietà mit der Calle di Furlani zu finden ist. Im Kreuzgang dieses Klosters, an der Kirchenaußenwand, befindet sich das Grab des Erzherzogs, während in der Kirche die Grabtafel angebracht ist.

Außerhalb des Adriagebietes sind die Marinemuseen von Mailand und La Spezia anzuführen. Das Museum in Mailand (Civico Museo Navale Didattico, Milano, Via San Vittore 21) besitzt eine reichhaltige Sammlung von Gallionsfiguren, Schiffsmodellen und Steuerrädern der k. u. k. Kriegsmarine. Da in La Spezia die meisten der Italien zugesprochenen Schiffe der ehemaligen österreichischen Flotte abgebrochen wurden, befinden sich im dortigen Museum (Museo Navale, La Spezia, Arsenale Militare Marina) in erster Linie Schiffsausrüstungsteile, wie Beschriftungen, Applikationen, Torpedorohre und Schilder.

In Livorno kann man heute in der Marineakademie der italienischen Kriegsmarine den „Löwen von Lissa" besichtigen, der nach dem Ersten Weltkrieg als „Kriegsgefangener" auch seinen Standort auf der Adriainsel aufgeben mußte.

Kehren wir wieder an die Adria, nach Triest, zurück, der ehemals größten Hafenstadt der österreichisch-ungarischen Monarchie. Von hier aus befuhren die Schiffe der beiden bedeutendsten Reedereien, des „Österreichischen Lloyd" und der „Austro Ameri-

Triest; Arsenale Triestino San Marco. Stapel Nr. 1, errichtet im vorigen Jahrhundert. Für Stapelläufe noch in Verwendung.

cana", die ganze Welt. Außerdem waren in Triest auch etliche kleinere Schiffahrtsunternehmen etabliert, die den Küstenverkehr besorgten. An diese einstige Blütezeit erinnert heute nur mehr der Lloydpalast (Piazza unità) und der kleine Küstendampfer „Dionea" des Lloyd Triestino. Er läuft täglich kleinere Orte Istriens und einmal wöchentlich Pula an. Im ehemaligen Lloydarsenal, das heute zu den Werften der Gesellschaft „Fincantieri" gehört, wird jener Helling Nummer 1 noch immer verwendet, auf dem einst die Schlachtschiffe „Tegetthoff" und „Prinz Eugen" vom Stapel gelaufen sind. In unmittelbarer Nähe befinden sich noch einige der alten Ausrüstungshallen, die während des Ersten Weltkrieges die „Seeflugstation Triest" beherbergten.

Im Marinemuseum von Triest (Museo civico del mare, Via Campo Marzio 5) können neben einer Gedenkstätte für den Erfinder der Schiffsschraube, Joseph Ressel, auch Seekarten, nautische Instrumente und einige wunderschöne Schiffsmodelle besichtigt werden. Triest sollte man nicht verlassen, ohne noch das Schloß Miramar mit seinem wunderschönen Park besucht zu haben.

Von Triest in südlicher Richtung fahrend, erreicht man auf jugoslawischem Gebiet Piran (Pirano), an der südlichen Einfahrt in den Golf von Triest gelegen. Im Marinemuseum (Sergej Masera, Cankarjevo Nabrezje 3) im Gabrielli-Palast kann man interessante Objekte besichtigen: Neben Schiffsmodellen, Uniformen und Gemälden befindet sich dort der Kajüt-Tisch mit Sesseln der Panzerfregatte „Erzherzog Ferdinand Max", die Admiral Tegetthoff nach Lissa führte.

In der Bucht des Quarnero (Kvarner) liegt die größte Hafenstadt an der jugoslawischen Adriaküste, Rijeka (Fiume) mit fast 130.000 Einwohnern. Unweit des Bahnhofes befindet sich in einem Park das Gebäude der Marineakademie (Ulica Borisa Kidriča), das heute als Spital in Verwendung steht; schon die Italiener hatten 1918 die Akademie in ein Spital umgebaut. Einige Häuser weiter, Richtung

Oben: Rijeka; Steintor aus der Zeit Kaiser Karls VI.

Oben rechts: Rijeka; der Gouverneurspalast, in dem sich das Museum befindet.

Rechts: Rijeka; heutige Ansicht von Tor und Aufgang der Marineakademie.

Linke Seite oben: Piran, Hafenansicht. Das erste Gebäude von links ist der Gabrielli-Palast, in dem sich ein Marinemuseum befindet.

Links: Piran, Museum. Einrichtung der Kajüte auf der Panzerfregatte „Erzherzog Ferdinand Max", die Tegetthoff 1866 benützte.

Oben: Pula heute. Blick von der Riva auf die obersten Stockwerke des Hotels „Riviera" und den früheren „Molo Elisabeth".

Rechts: Pula; die Marinekirche „Madonne del mare".

Linke Seite oben: Pula; die Oliveninsel mit ihrem regen Werftbetrieb.

Links: Detailaufnahme des Gebäudes des Hafenadmiralates.

Hafen, steht ein Steintor aus der Zeit Kaiser Karls VI; es handelt sich um das Tor der längst abgebrochenen Quarantänestation, die der Kaiser aus privaten Mitteln errichten ließ.

Aus der Zeit, als Fiume der Konkurrenzhafen Triests war und zur ungarischen Reichshälfte gehörte, stammt auch noch der „Adriapalast" (Obala Jugoslavenske Mornarice), benannt nach der königlichungarischen Schiffahrtsgesellschaft „Adria", und der Gouverneurspalast (Žrtava Fašizma 18), in dem sich ein Marinemuseum befindet. Dort können Gemälde, Schiffsmodelle, nautische Instrumente und eine Blank- und Schußwaffensammlung besichtigt werden. Im Park vor dem Palast liegen einige Anker, unter denen sich ein österreichischer Martinsanker befindet.

Fast in jedem der örtlichen Museen in den Häfen der Adria, von Istrien bis zur Bucht von Kotor (Bocche di Cattaro), kann man einzelne Erinnerungen an Österreich entdecken und besichtigen — auch düstere: In Kotor im Vorort Skaljari am südöstlichen Ende der Bucht liegen hinter dem Friedhof von Skaljari die Gräber der Anführer der Matrosenmeuterei aus dem Jahr 1918.

Ein Rundgang durch den ehemaligen Hauptkriegshafen, das heutige Pula (Pola), soll den Ausflug in die k. u. k. Vergangenheit abschließen. Pula, Stadt und Hafen am südwestlichen Ende der Halbinsel Istrien, hat heute 37.000 Einwohner. Vom Wahrzeichen Pulas, der Arena, fällt der Blick auf den Handelshafen. Rechts liegt der Bahnhof, im vorigen Jahrhundert entstanden. Von hier führt die Via della Stazione (Ulica Vladimira Gortana) vorbei an den Jugendstil-Wohnhäusern des Architekten Münz zum Hotel „Riviera", dessen oberste Stockwerke über den Wipfeln der Bäume der ehemaligen städtischen Parkanlage zu erkennen sind. Davor liegt der Molo Elisabeth (Rijecki gat), an dem einst die Dampfer des Österreichischen Lloyd anlegten. Links von der Arena erkennt man die Oliveninsel: heute Schiffswerft mit den Resten des österreichischen Seearsenals; einige Handelsschiffe sind im Bau.

Auf der Riva (Obala Maršala Tita), am Stabsgebäude vorbei, kommt man zu jenem Teil, der einst Molo Bellona hieß. Statt der in den Kriegshandlungen von 1944/45 zerstörten alten Gitterbrücke führt heute eine Betonbrücke auf die Oliveninsel. Im Zweiten Weltkrieg wurde auch die linke Häuserfront der Via dell'Arsenale (Ulica Končara Rade), in der sich die Papier- und Buchhandlung Schrinner und das Hotel „Central" befanden, zerstört. Auf der rechten Seite steht noch die Arsenalsmauer mit dem Hafenadmiralat, auf dem noch die Neptuns- und Marsköpfe sowie die Ankerembleme über den Fenstern erhalten sind (nur die Kronen wurden durch Sterne ersetzt).

An der Kreuzung Via dell'Arsenale mit der Via San Policarpo (Ulica Končara Rade — Bulevar Borisa Kidriča) steht das einstige Marinekasino, das auch heute noch der jugoslawischen Marine als Kasino dient. In der Arsenalsstraße, an der Marinekaserne vorbei, durch die Via Helgoland (Ulica Gorička) am Marinetechnischen Komitee vorbei, kommt man zur Kirche Madonna del mare (Gospe od mora). Ein Blick in das Innere der Kirche zeigt, daß leider viele der in österreichischer Zeit gestifteten Votivtafeln fehlen.

Von der Marinekirche in westlicher Richtung gelangen wir zum Marinefriedhof (Mornaričko groblje). Hier steht es nicht zum besten: teilweise umgestürzte Grabsteine und überwucherte Grabstellen. An der Friedhofsmauer befindet sich eine Gruft aus rötlichem Naturstein, in der im Jahre 1956 eine der letzten Beisetzungen eines österreichischen Marineoffiziers (Korvettenkapitän Dagobert Müller von Thomamühl, der Erfinder des Luftkissen-Gleitbootes) erfolgte. An der Rückwand der Friedhofskapelle sind die beiden Gedenktafeln für die Toten von S. M. Torpedoboot „4" und für Linienschiffskapitän Vuković von Podkapelski angebracht. Linienschiffskapitän Vuković ging mit dem Flaggenschiff „Viribus Unitis", auf dem schon die neue jugoslawische Flagge wehte, im Hafen von Pola unter. Italienische Kampfschwimmer hatten das Schiff (bereits nach dem Waffenstillstand!) zum Sinken gebracht. Vuković war damals seit wenigen Stunden der erste südslawische Marinekommandant.

Beim Rückweg zur Arsenalsmauer steigt rechts die Via dell'Ospedala (Ulica Alda Negrija) zum Marine-

Pula; der linke Trakt der Marinekaserne.

spital an. Das Marinespital ist durch einen modernen Zubau vergrößert. Auf der Spitalsstraße wieder zurück finden sich rechts die Reste des seinerzeit wegen seiner exotischen Pflanzenpracht so berühmten San-Policarpo-Parkes, in dessen Mitte jenes Denkmal von Erzherzog Ferdinand Max stand, das nun in Venedig aufgestellt ist. Von hier durch die Via del Parco (Ivana Gundulića), an der Marinekaserne, dem Exerzierplatz und der Maschinenschule (linke Straßenseite), am Marinegericht und dem Marinestrafhaus (rechte Straßenseite) vorbei, gelangt man durch die Via Marte (Ulica Ljudevita) auf den Monte Zaro.

Was blieb von diesem einst so berühmten Blick vom Dach des Hydrographischen Amtes auf das Seearsenal? Vom Amt steht nur mehr die rostende Kuppel der Sternwarte. Das Tegetthoffdenkmal befindet sich in Graz, nur eine runde Steineinfassung läßt den ehemaligen Standort erahnen, und die in der Zwischenzeit haushoch gewachsenen Bäume verwehren den Blick auf die Oliveninsel. Wehmut befällt den Betrachter.

Oben links: Pula; Friedhofskapelle mit ihren beiden Gedenktafeln.

Oben: das verwahrloste Grab des langjährigen Hafenadmirals von Pola, Anton Freiherr von Bourguignon.

Links: Pula, Monte Zaro. Die traurigen Reste des Hydrographischen Amtes, die Marinesternwarte.

Rechte Seite: Pula, Marinefriedhof. Einer der wenigen gut erhaltenen Grabsteine ist der für Linienschiffsfähnrich Carl Freiherr von Codelli.

LITERATUR- UND BILDNACHWEIS

AICHELBURG, WLADIMIR: Sarajevo 28. Juni 1914. V: Orac, Wien 1984.
ATTLMAYR, FERDINAND RITTER VON: Der Krieg Österreichs in der Adria im Jahre 1866. V: Carl Gerold's Sohn, Wien – Pola 1896.
BANFIELD, GOTTFRIED BARON VON: Der Adler von Triest. V: Styria, Graz 1984.
BAYER VON BAYERSBURG, HEINRICH: Die k. u. k. Kriegsmarine auf weiter Fahrt. V: Bergland, Wien 1958.
BENKO VON BOINIK, JAROLIM FREIHERR: Geschichte der k. k. Kriegs-Marine während der Jahre 1848 und 1849. V: k. u. k. Reichs-Kriegs-Ministerium, Marinesektion, Wien 1884.
BIANCHI, LEO VON: Seekadett vor vierzig Jahren 1864–1904. Als Manuskript gedruckt, Rubbia 1904.
CATINELLI EDLER VON OBRADICH-BEVILACQUA, ARTHUR: Die Küstenaufnahme in Mitteldalmatien in den Jahren 1907, 1908 und 1909. 2 Bände. V: Hydrographisches Amt, Wien 1910.
DAHLERUP, HANS BIRCH FREIHERR VON: In Österreichs Diensten. 2 Bände. V: Mayer & Jessen, Berlin 1911.
DANIEK, EDMUND: Sie zogen nach Mexiko. V: Amalthea, Wien – München – Zürich 1964.
DECSEY, ERNST: Franz Lehár. V: Drei Masken, Wien 1924.
DELL'ADAMI, GÉZA: Die k. u. k Streitkräfte auf und vor Kreta 1897/1898. V: k. k. Hof- und Staatsdruckerei, Wien 1901.
FILIPUZZI, ANGELO: La Campagna del 1866 nei Documenti Militari Austriaci. V: Primo centenario dell'annessione del Veneto al regno d'Italia, Padova 1966.
FERDINAND MAX, ERZHERZOG: Aus meinem Leben. 7 Bände. V: Duncker u. Humblot, Leipzig 1867.
FLEISCHER, JOSEF: Geschichte der k. k. Kriegsmarine während des Krieges im Jahre 1866. V: k. u. k. Reichs-Kriegs-Ministerium, Marinesektion, Wien 1906.
FRANZ FERDINAND, ERZHERZOG: Tagebuch meiner Reise um die Erde 1895–1896. 2 Bände. V: Alfred Hölder, Wien 1895/96.
FRIEDJUNG, HEINRICH: Custoza und Lissa. V: Insel Verlag, Leipzig 1915.
HANDEL-MAZZETTI, PETER FREIHERR VON/SOKOL, HANS HUGO: Wilhelm von Tegetthoff. V: Oberösterreichischer Landesverlag, Linz 1952.
HARBAUER, KARL: Der Kaiser und die Kriegsmarine. V: Österreichischer Flottenverein, Wien 1910.
HEUSSER, HARRY: Egon Lerch U XII. V: St. Stefan, Wiener Verlagsgesellschaft, Wien 1915.
HÖHNEL, LUDWIG RITTER VON: Mein Leben zur See, auf Forschungsreisen und bei Hofe. V: Reimar Hobbing, Berlin 1926.
KAMINSKI, GERD/UNTERRIEDER, ELSE: Von Österreichern und Chinesen. V: Europaverlag, Wien 1980.
KHUEPACH ZU RIED, ZIMMERLEHEN UND HASELBURG, ARTHUR VON: Die österreichisch-venezianische Kriegsmarine während der Jahre 1802 bis 1805. V: Staatsdruckerei, Wien 1942.
KHUEPACH ZU RIED, ZIMMERLEHEN UND HASELBURG, ARTHUR VON: Schiffe und Fahrzeuge unserer Kriegsmarine seit ihrem Bestande bis 1908. V: Josef Krmpotic, Pola 1903.

KHUEPACH ZU RIED, ZIMMERLEHEN UND HASELBURG, ARTHUR VON/BAYER VON BAYERSBURG, HEINRICH: Die österreichisch-venezianische Kriegsmarine (1814–1849). V: Hermann Böhlaus Nachfolger, Graz – Köln 1966.
KISCH, EGON ERWIN: Schreib das auf, Kisch. V: Philipp Reclam jun., Leipzig o. J.
KLEINDEL, WALTER: Österreich. Daten zur Geschichte und Kultur. V: Ueberreuter. Wien 1978.
KRISCH, ANTON: Das Tagebuch des Maschinisten Otto Krisch. V: Leykam, Graz – Wien 1973.
KOUDELKA, ALFRED FREIHERR VON: Unsere Kriegsflotte 1556–1908. V: Ignaz von Kleinmayr & Ferdinand Bamberg, Laibach 1914.
LIBUTTI, SALVATORE: Das Schloß von Miramare. V: Stabilimento Tipografico Nazionale.
MARTINY, NIKOLAUS VON: Bilddokumente aus Österreich-Ungarns Seekrieg 1914–1918. 2 Bände. V: Leykam, Graz 1939.
MAYER, HORST FRIEDRICH: Die k. u. k. Kriegsmarine 1912–1914. Phil. Dissertation, Wien 1962.
ÖSTERREICHER, TOBIAS FREIHERR VON: Die österreichische Küstenaufnahme im Adriatischen Meere. V: Triest 1873.
PAYER, JULIUS: Die österreichisch-ungarische Nordpol-Expedition. V: Alfred Hölder, Wien 1876.
PEMSEL, HELMUT: Seeherrschaft. Eine maritime Weltgeschichte von den Anfängen der Seefahrt bis zur Gegenwart. V.: Bernard & Graefe; Koblenz 1985.
PEMSEL, HELMUT: Biographisches Lexikon zur See-Kriegsgeschichte. V.: Bernard & Graefe, Koblenz 1985.
POTT, PAUL EDLER VON: Expedition S. M. S. „Pola" in das Rothe Meer. 2 Bände. V: k. k. Hof- und Staatsdruckerei, Wien 1898/99.
RANZENHOFER, ALEXANDER: Mit der Kriegsmarine kreuz und quer im Mittelmeer. V: Paul Sollors Nachfolger, Reichenberg 1913.
RECHBERGER VON RECHKRON, JOSEF RITTER: Österreichs Seewesen in dem Zeitraume von 1500–1797. V: k. u. k. Reichs-Kriegs-Ministerium, Marinesektion, Wien 1882.
ROHRER, PAUL: Als Venedig noch österreichisch war. V: Robert Lutz, Stuttgart 1914.
SALCHER, PETER: Geschichte der k. u. k. Marine-Akademie. V: Carl Gerold's Sohn, Wien – Pola 1902.
SCHERZER, KARL VON: Reise der österreichischen Fregatte „Novara" um die Erde. 3 Bände. V: k. k. Hof- und Staatsdruckerei, Wien 1861/62.
SCHMIDT, ERNST RITTER VON TAVERA: Die mexikanische Kaisertragödie. V: Holzhauser, Wien 1903.
SOKOL, HANS HUGO: Österreich-Ungarns Seekrieg 1914–1918. V: Amalthea, Zürich – Leipzig – Wien 1933.
TRAPP, GEORG VON: Bis zum letzten Flaggenschuß. V: Anton Pustet, Salzburg – Leipzig 1935.
WAGNER, WALTER: Die obersten Behörden der k. u. k. Kriegsmarine 1856–1918. V: Ferdinand Berger, Horn – Wien 1961.
WALLISCH, FRIEDRICH: Die Flagge rot-weiß-rot. V: Styria, Graz – Wien – Köln 1956.

WINKLER, DIETER/PAWLIK, GEORG: Die Dampfschiffahrtsgesellschaft Österreichischer Lloyd 1836—1918. V: Weishaupt, Graz 1986.
WINTERHALDER, THEODOR RITTER VON: Kämpfe in China. V: A. Hartleben's Verlag, Wien — Budapest 1902.

Almanache für die k. u. k. Kriegsmarine (1878—1918).
Dienst-Reglement für die k. u. k. Kriegsmarine. III. Teil — Dienst zur See. V: k. k. Hof- und Staatsdruckerei 1906.
Gedenkblätter der k. u. k. Kriegsmarine. 4 Bände. V: Carl Gerold's Sohn, Wien — Pola 1898.
Marine — gestern, heute. Nachrichten aus dem Marinewesen. V: Arbeitsgemeinschaft für österreichische Marinegeschichte, Wien — Mistelbach — Poysdorf, seit 1974 viermal jährlich.
Normal-Verordnungsblätter für die k. u. k. Kriegsmarine. V: k. k. Hof- und Staatsdruckerei, Wien 1861—1918.
Die österreichische arktische Beobachtungs-Station auf Jan Mayen 1882—1883. V: Gerold & Co, Wien 1882.
Österreichs Kämpfe im Jahre 1866. 5. Band. V: Verlag des k. k. Generalstabes, 1869.
Organische Vorschrift für das Personal der k. u. k. Kriegsmarine. I. Hauptstück: Rang- und Dienstverhältnisse. V: k. k. Hof- und Staatsdruckerei, Wien 1909.
Rang- und Einteilungslisten der k. u. k. Kriegsmarine. V: k. k. Hof- und Staatsdruckerei, Wien 1875—1918.
Gebühren-Vorschrift für die k. u. k. Kriegsmarine, V: k. k. Hof- und Staatsdruckerei, Wien 1891.
Illustrierter Führer durch Dalmatien. V: A. Hartleben's Verlag, Wien — Leipzig 1915.
Unterlagen des Österreichischen Staatsarchives, Kriegsarchiv.

Bilder: Österreichisches Staatsarchiv — Kriegsarchiv, Wien; Georg Pawlik, Wien; Baron G. F. Thierry, Triest; Johann Till, Wien; Bernhard Tötschinger, Wien; Dieter Winkler, Wien; Giuseppe Wulz, Triest.

Die Autoren danken allen, die zu diesem Buch beigetragen haben, insbesondere dem Direktor des Österreichischen Staatsarchivs — Kriegsarchiv, Hofrat Dr. Walter Wagner, seinem Stellvertreter, Oberrat Dr. Erich Hillbrand und dem Marinereferenten des Archivs, Peter Jung, für die stets hilfsbereite Unterstützung.

Herbst 1986
Dr. Horst Friedrich Mayer
Dieter Winkler

HORST FRIEDRICH MAYER, geboren 1936. Dr. phil., Historiker, Dissertation über die k. u. k. Kriegsmarine. Journalist, derzeit Chefredakteur im ORF/Fernsehen.

DIETER WINKLER, geboren 1940. Beamter im Fernmeldedienst. Autor zahlreicher Artikel in der Zeitschrift „Marine — Gestern, Heute" und Mitarbeiter am Buch „Österreichischer Lloyd 1836–1918".